速読日本一が教える

速読の教科書

角田和将

日本能率協会マネジメントセンター

はじめに

じつは私も速読の習得に二度挫折している

私は、速読指導をしている立場上、さまざまな方と会話するたびに、「習ったことがあるけれど挫折した……」「速読をすると内容が理解できない……」「活字嫌いの自分には習得できると思えない……」などなど、速読に関する疑問やお悩みをお寄せいただきます。いろいろな意見を目の当たりにしていますが、多くの方に共通しているのが「速読って本当にできるの？」という疑問。

実際、あなたのまわりに速読ができる人はいるでしょうか？　おそらく友人や知り合いでも、「速読ができる人は見たことがない」という方が大半ではないかと思います。

そのため「本当に速読なんてできるの？」

と、疑問に思う人が多くなるのは自然なことでしょう。

現代は情報社会です。本や新聞だけではなく、インターネットで文章を読む機会が増えている影響もあり、速読に興味のある方はとても多いです。そしてインターネット上で「速読」と検索してみると、やり方はいくらでも出てきます。しかもその多くは無料です。

でも、「まわりに速読ができる人はいますか?」と聞かれると、なぜかあまり見当たらなくなってしまうのです。

速読に関心をもっている人が多くいて、かつ無料でメソッドを知る手段がある環境ならば、まわりにもう少し速読ができる人が多くいてもおかしくないはずです。

つまりこれは、速読に興味はもちながらも、速読の習得ができずに挫折している方がとても多いということの現れなのではないでしょうか。

じつは、私も過去に二度、速読の習得に挫折しました。

最初の挫折は本を通して学ぼうとしたときです。25年以上前の中学生時代、たまたま親が買ってきていた速読の本を見かけたことがキッカケでした。当時はとにかくゲームが大好きだったので、「速読で勉強する時間が短くなれば、ゲームをやる時間を増やせるのでは？」と子どもながらに考えたのです。しかし読んで実践したものの、一向に速く読めるようにはなりませんでした。

二度目は高校生時代、「やっぱり遊ぶ時間がほしい！」という思いは消えず、今度は通信教育で取り組んでみました。しかしこれもまた挫折……。

このような経験があったので、私自身も「速読なんて本当にできるの？」と考えている一人でした。

しかし三度目の正直で、速読を習得することができました。それも「日本一」のレベルにまでなれたのです。

挫折していたときの自分と速読を習得して「日本一」になった自分では、何が違っていたのでしょうか？　それは、「ホンモノの速読を知らなかった」この一点に尽きます。

これは速読に限らず、どんな技術でも言えることですが、正しいやり方を知らなければスキルは身につきません。「ホンモノの速読とはどういうものなのか？」「速読を最大限に活用するにはどのようにすればいいのか？」などを知らなければ、当然ながら速読の習得は難しいのです。

速読の習得に挫折する原因

ここで、速読の習得に挫折する原因について、もう少し解説しておきましょう。

原因は大きく3つあります。

ひとつめは「速読に対する幻想」です。

速読とは、ものすごいスピードでパラパラとページをめくり、一冊を数分間で読んで9割以上忘れずに覚えていられるようなものだと思っていませんか？　もしそうだとしたら、それは幻だと思ったほうがいいです。この幻想については第5章（125ページ）で説明しますが、速読を魔法のようなものだと思っていると、いつまでたっても習得できず、結果として挫折してしまうでしょう。

ふたつめは「きちんと読まなければいけないと思う先入観」です。これは学生時代の国語の授業で「きちんと読む」という指導をされてきた影響によるものです。もちろん「きちんと読む」ことは大事です。しかし「きちんと読む＝ゆっくり読む」ではありません。

詳細は第６章（156ページ以降）で説明しますが、速く読んでも内容はきちんと把握できます（もちろん先ほど挙げた魔法のようなやり方ではありません）。でも、「きちんと読む＝ゆっくり読む」と考えてしまっていると、せっかく読むスピードを上げようとしているのに、「きちんと読まなければ……（＝ゆっくり読まなければ……）」という先入観がブレーキになってしまい、なかなか読むスピードが上がらなくなってしまうのです。


３つめは「習得感の弱さ」です。ホンモノの速読は「元々読者のみなさんがすでにできることを応用し、その力を伸ばしていくだけ」のものです。言い換えれば、ホンモノの速読は誰でも必ずできるという意味でもあるのです。

しかし、そのシンプルさのせいか、いまいち手ごたえを感じられない人も多いようです。速読の場合、たとえば今まで鉄棒の逆上がりができなかった人ができるようになったときのような〝できた〟という実感を得にくい性質があるのです。詳細は第４章（88ページ以降）で説明しますが、「速読ができているか？」を体感的な読書スピードで確認しようとすると、習得に対する達成感は得にくいのが現実です。習得の達成度は、感覚的なスピードではなく、「実際に一冊を何分で読んでいるのか」「1ヵ月で何冊の本を読んでいるのか」などを記録に残して、その数字の変化で判断していきます。

私の講座には、「ほかの速読教室や講座で学んだけれど、できるようにならなかった……」という方がよく来られますが、その方の読書スピードを計測してみると、すでに一般の方よりも速く読めていることもよくあります。トレーニングによって速読力が確実にアップしているのに、読書速度を測ることもなく、「体感的に速く読めている感じがしない……」と感覚だけで判断して、挫折してしまうのは本当にもったいないことです。

ここまで、速読の習得に挫折する原因について3つ挙げましたが、どの原因も根底にあるのは速読についての「誤解」です。速読の習得に挫折する原因はほぼすべて、速読に対する解釈の違いに起因しています。言い換えれば、速読を正しく知れば、必ず誰でも速読を身につけることができるのです。

速読は
誰でも必ず
身につけられる！

速読の習得は難しいものと考えられがちですが、それも誤解です。

あなたも必ず速読はできるようになります。今あなたがすでにできることを活かすだけでも、読むスピードは格段に上がります。さらにトレーニングで速読力を高め、場面に応じたテクニックを活用できるようになれば、より読書速度をアップさせることができるでしょう。

事実、これまでに数多くの方を指導してきましたが、たとえば「活字嫌いだったのに、今では毎週1冊の読書がふつうにできるようになった」「気づいたら2週間で30冊以上の本を読んでいた」「気づいたら1日で16冊読んでいた」など、たくさんの方々に高い効果を実感してもらっています。

さらに、速読スキルを活かして、「希望の花形部署に異動が決まった」「転職が決まり、年収が2倍になった」「なかなか合格できずにいた国家資格試験に合格できた」など、ただ速く読むだけにとどまらない結果が出たとのご報告も数多くいただいています。

本書をお読みのあなたもぜひ、ホンモノの速読を知っていただき、あなたの思い描く希望を現実化させていただきたいと思います。

第1章では「速読ができる」とはどういうことかを解説し、第2章では速読を習得した方が、どのような生活を手に入れたかを紹介しています。

第3~5章では具体的な速読トレーニングの方法を説明しています。ここで基礎体力ならぬ基礎速読力を高めてください。

第6~7章では、高まった基礎速読力を活かして、読解力を高める方法と記憶に定着させる方法を身につけていただきます。

第8章では、高まった基礎速読力を速読テクニックとして応用するメソッドを説明しています。テクニックは知っていればすぐに使えるものなので、いきなりこの章から読み始めても実践できるかもしれません。しかし、基礎速読力を高めたうえでテクニックを使っていくと、あなたの速読力は最大化されます。そのため本書では、速読トレーニングに取り組みながらテクニックを活用することをオススメします。

第9章では継続のコツを紹介しています。速読トレーニングをしっかり続けるためのポイントを、ここでつかんでください。

本書ではじめて速読を学ばれる方は第1章から順にお読みいただきたいのですが、すでに速読学習の経験がある方は、お好きなページからお読みいただいても構いません。

たとえば「過去に速読を習って挫折した……」と思われている方であればQ＆Aコーナーからお読みください。先に挫折の原因を知ったうえで、関連する章を読むと、過去に習った速読の力を活かしていただくことができると思います。

もし「記憶や文章理解ができずに挫折した……」と思われている方であれば、第6章「読書速度の限界を突破し、理解力を上げるイメージ脳活性法」と第7章「速読力を記憶力アップに活かす」からお読みください。

そして読み終わった後、実践していく中で疑問点や不明点が出てきたら、何度も本書をくり返しお読みください。

本書で公開している速読を身につければ、あなたの自己実現力は確実に、かつ格段にアップします。速読力を高めることで、より良い人生があなたに訪れたとしたら、著者としてこの上ない喜びです。

角田　和将

※本書は２０１４年に刊行された『１日10分速読トレーニング』(日本能率協会マネジメントセンター）に加筆・修正を行い、タイトル、デザインをあらためて刊行したものです。

目次

第2章 「ホンモノの速読」を身につける4つのメリット

コラム

第2部　トレーニングで速読力を高めよう！　実践編

第3章　速読トレーニング①　目線移動

第4章　速読トレーニング②　認識幅拡大

第5章　速読トレーニング③　瞬間認識力

第3部 さらなるレベルアップを目指そう! 応用編

第6章 イメージ脳活性法

読書速度の限界を突破し、理解力を上げる

第9章 速読トレーニングを続けるコツ

コラム

第1部 理論編

ホンモノの速読を
身につけよう！

第1章 そもそも速読って何？

速読は頭のいい特別な人のものじゃない

「速読」と聞くとみなさんはどのようなイメージをもつでしょうか？

1分間で一冊のような、超人的な速度で本を読む人？　そもそも、本を読む人＝勉強する人、頭のいい人だから自分には関係ない？

私はこれまでさまざまな方に速読を指導してきましたが、**多くの方は速読を誤解しているようです。**

たとえば、「写真を撮るように、パラパラとめくるだけで一冊読める」――これが速読だと思う方。これは、誇大広告によって生まれた間違ったイメージです。理論上、トレーニングのやり方によっては、できるようになるかもしれませんし、実際にできる人もいるでしょう。しかし、そのレベルにまで達するには、トレーニングに膨大な時間がかかります。そもそも本当に達人級の速読を習得する必要があるのでしょうか？　過剰にトレーニング時間をかけるなら、もっとほかの自分のやりたいことに時間を使うべきです。

また、速読は、脳科学の権威や高学歴の人など頭のいい人がやるものというイメージもあるようです。しかし、速読とは、文字を速く読むこと。本を読む専門家や、脳科学の専門家になる必要はありません。ただ、速く読めるようになればいいだけです。

実際、私はずっと国語が苦手で活字嫌いでしたし、ふつうの大学を卒業し、ふつうの会社に勤めていた人間です。しかし、速読というツールを使いこなすことで、より充実した生活を送れるようになりました。

速読＝あなたの人生をより良いものにするためのツール

なのです。

「読む」と「速読」は何が違うのか？

そもそも「読む」とはどういうことかを考えてみましょう。新聞を「読む」、本を「読む」……。この「読む」という行為は、大きくふたつのプロセスをくり返しています。

「文字を見る」
↓↑
「見た文字の内容を認識する」

本を「読む」ときは、本を手に取り、まずは書かれている「文字を見る」ことになります。そして、「見た文字の内容を認識」し、次の「文字を見る」……このくり返しによって「読む」という行為はできあがっています。

では、ここであらためて「速読」とは何かを考えてみましょう。
「読む」が、「文字を見る」と「見た文字の内容を認識する」をくり返すことだとすると、「速読」は

「一度に見る文字数を増やす」 ←→ 「高速でも見た文字が認識できる」

これらふたつのプロセスをくり返すスピードが上がることです。シンプルに、「読む」というふたつのプロセスを速く行えばいいのです。

たとえば、レストランの看板やメニュー表を眺めるときは、「読む」よりも「見る」に近い感覚でしょう。ぼんやり眺めながら、看板やメニュー表から食べたいものを選ぶ――これは、まさに文字を見て認識している状態です。

これをより広い幅で、より高速でできることが速読なのです。

今まで一度に5文字単位で内容を認識していた人が、10文字単位で認識できるようになれば、それだけで2倍の速さで読めるようになります。

▶一度にたくさんの文字を見る

▶速いスピードで見ても文字認識できる

速読のふたつのプロセス

ご参考までに、個人差はありますが、ぱっと見て認識できる文字数は、全くトレーニングをしていない人でも7～11文字程度です。ぱっと見て認識できる文字数を15文字単位、1行単位と増やしていき、最終的には3行単位を見て理解できれば、もう十分に速読マスターのレベルと考えていいでしょう。

これを1ページ単位にまで広げることができれば、いわゆる「写真を撮るように読む」になるのです。

しかし後述しますが、読書の場面では特に「本を読んだらそれでおしまい」とはなりません。超人級の速読力を鍛え上げようとトレーニングする時間があるならば、記憶に定着させたり、理解を深めるための考える時間に使ったほうがいいのではないでしょうか。

人生は、長いようで短いものです。限られた時間は最大限有効活用すべきです。

たった1行単位で見て理解できるようになるだけでも、一般的なレベルの2～3倍の速さで読めるようになります。これだけでも十分すごいと思いませんか？

「読む」のイメージ

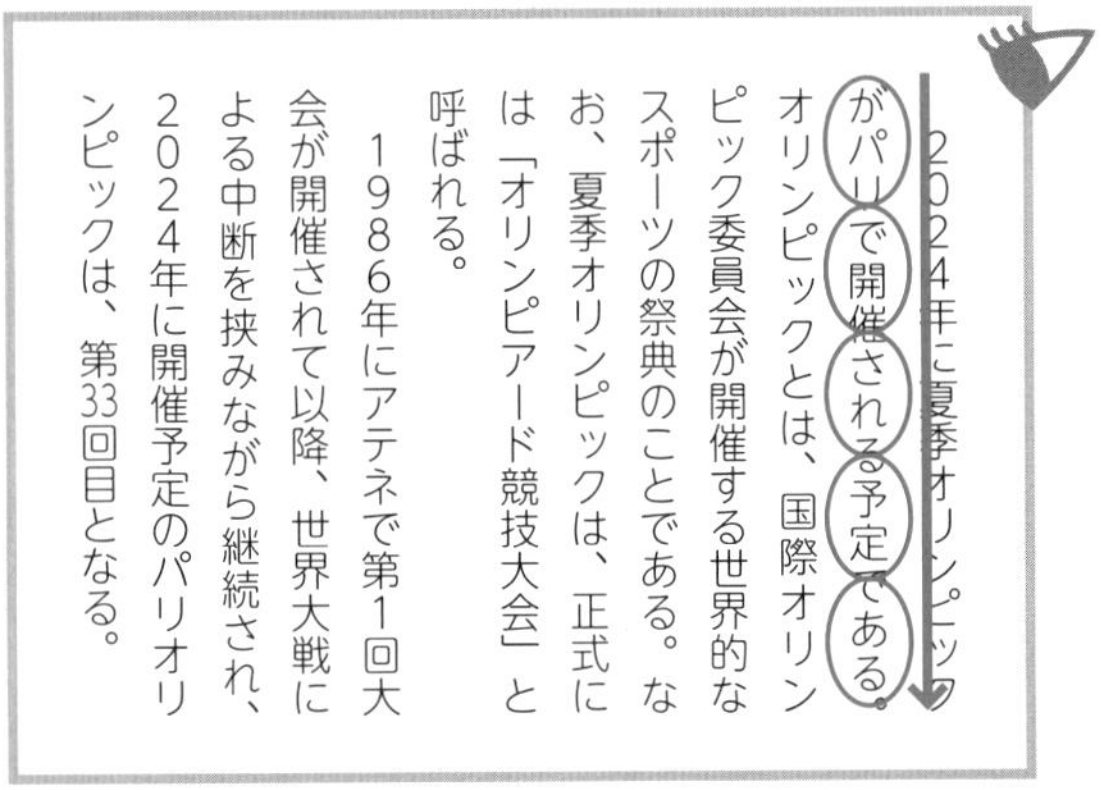
2024年に夏季オリンピックがパリで開催される予定である。オリンピックとは、国際オリンピック委員会が開催する世界的なスポーツの祭典のことである。なお、夏季オリンピックは、正式には「オリンピアード競技大会」と呼ばれる。
1986年にアテネで第1回大会が開催されて以降、世界大戦による中断を挟みながら継続され、2024年に開催予定のパリオリンピックは、第33回目となる。

「速読」のイメージ

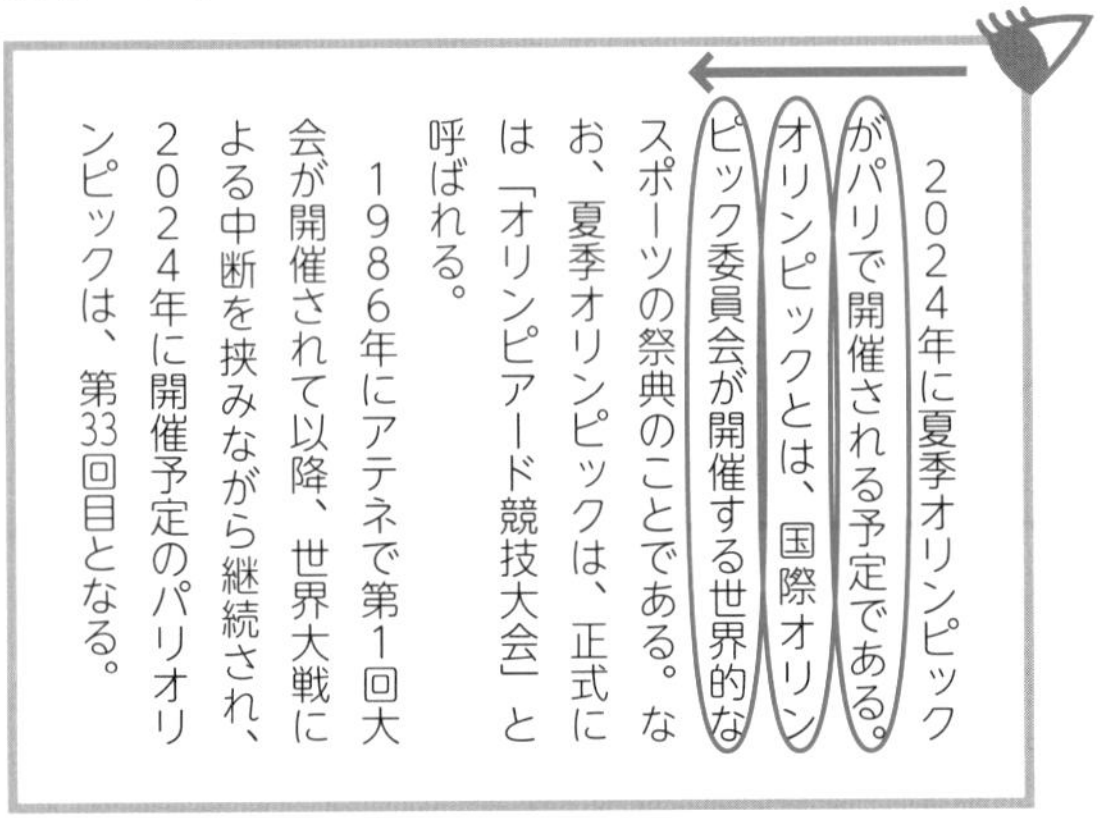
2024年に夏季オリンピックがパリで開催される予定である。オリンピックとは、国際オリンピック委員会が開催する世界的なスポーツの祭典のことである。なお、夏季オリンピックは、正式には「オリンピアード競技大会」と呼ばれる。
1986年にアテネで第1回大会が開催されて以降、世界大戦による中断を挟みながら継続され、2024年に開催予定のパリオリンピックは、第33回目となる。

「読む」と「速読」の違い

「なぞり読み」から「見て理解」へと変わるたったひとつの方法

文章を読むとき、文字をなぞるように目線を動かす読み方（なぞり読み）から「見て理解」に切り替える――これが速読の基本です。

しかし、今まで1文字1文字なぞり読みをしていた人が、いきなり複数文字を一度に「見て理解」することは想像以上に難しいです。

「速読を身につける」とは、今まで何十年と慣れ親しんだ読み方をやめて、別の読み方を身につけ直すこと。

つまり、「読んで理解」から「見て理解」に切り替えることなのです。

長年にわたって身につけてきた、読んで理解するクセを矯正するのは、思った以上に大変なことです。

ただ幸いにも、25ページのレストランの看板やメニュー表の例のように、「見て理解」はすでにできることです。

正しいトレーニングを続けて、元々できることを文章を読むときにもできるようになればいいだけだと考えると、かなりハードルが下がる気がしませんか？

速読は、生まれもっての才能やスキルではありません。

正しい速読理論を知り、理論に沿ったトレーニングを続けられたかどうか――速読ができる人と、速読ができない人の違いは、これだけなのです。

ホンモノの速読を身につけるたったひとつの方法は、トレーニングを続けることだ、ということを忘れないでくださいね。

トレーニングは1日に10分でいい

本書では25ページで触れたふたつのプロセスに対する力を伸ばすトレーニングを紹介します。ただ、トレーニングと聞くと、正直なところ「面倒ください」「そんな時間はない」と思いませんか？

しかし、安心してください。本書に書いてある内容すべてを極めようとする必要はありません。

そもそもみんな忙しくて当然です。時間がなくて速読に興味をもつわけですから。

本書で多くのトレーニングを紹介しているのは、さまざまな方法から自分に合ったものを選んでいただくためです。

みなさんは速読のスペシャリストになるわ

けではありません。速読というツールを使いこなせればいいわけです。

たとえば、「読む」ときのふたつのプロセスをくり返す動作をスムーズにするトレーニングをひとつ行うだけで、読書速度が一気に2倍以上になる方も実際に数多くいます。たったひとつのトレーニングでも、正しく続ければ確実に効果は得られます。

ですから、ムリなく、できる範囲で取り組みましょう。

時間にして、1日10分程度。しかも、本書で紹介するトレーニングは、特別な準備はいらず、日常生活のちょっとした待ち時間やスキマの時間にできるものばかりです。

ただし、速読トレーニングは訓練というよりクセのリハビリに近いものです。何もしないと、あっという間に元通り。一度コツを身につけても、長期間トレーニング（矯正）をしないでいると、元の読み方に戻ってしまいます。

だから、継続できるものをしっかり続けていくことが大切なのです。

継続のコツは第3部で詳しく解説します。

- できるものだけでいい
- 速読トレーニングの目標は1日10分

- 完璧主義は継続の敵
- 続けられるものだけ取り組もう

トレーニングは1日10分 楽しくできるものだけでいい

速読上達の鉄則！「完璧主義を排除せよ」

私が速読教室に通っていたころ、まわりにいたのはレベルの高い人ばかりでした。

過去に速読に挫折した経験がフラッシュバックし、自信を失いかけたこともあったくらいです。

ただ、速読を続ける中で、こんなことを思うようになりました。

「そんなに速く読めるようになって何がしたいんだろう？　いくら速く読めるようになっても、それが日常生活で活かされなければなんの意味もないのでは？」

確かに、当時、私のまわりには、速読の世

界で少しでも上に行けるよう努力していた方が多くいらっしゃいました。

しかし、私にとって「速読」は「手段」でした。

速読を身につける目的だった、大量の課題図書を読み込み、お金について学ぶために支払った費用を回収すること。そのほうが、はるかに緊急度も重要度も高い課題だったのです。（※当時の詳細にご興味のある方は38ページのコラムをご参照ください。）

それでも、私は大会で勝つことも、さらに速読を始めるキッカケとなった目的（お金の勉強、高額コンサル料の回収）も、どちらも達成することができました。

私とほかの学習者で何が違ったのでしょうか？

ひとつ挙げるならば、「完璧主義ではなかった」ことです。

大会は一発勝負ですが、日常生活のほとんどの出来事はそうではありません。うまくいかなければ改善をくり返しながら、何度も挑戦できるものです。

そもそも、速読は、人に見せるためにやるものではなく、「ふつうに読んでいるときと同じ理解度でより速く読む」こと。もし、一度で理解できなければ、何回でも読み直せばいいだけです。

それに、一度読んで30％しか内容が理解できなかったとしても、その30％から仕事に必要な情報を得られたとしたら、それだけで十分価値はあるでしょう。

これくらいの割り切りのよさ、いい加減さが、速読上達には欠かせないということも忘れないでください。

失敗しても改善してやり直せばいい

次はもっと
うまくやるぞ!

一度で理解できなくても読み直せばいい

わからなかった
ところは
読み直せばいい

「30%わかればOK」と開き直る

必要なところが
わかればOK!

いい加減さ・割り切りのよさが速読上達のコツ

コラム

私が「速読日本一」になるまで

第1章にも書きましたが、私は元々国語が大の苦手でした。なんとかしたいと思い、中学、高校と速読に関する書籍や通信教材にチャレンジしたものの、全く上達せずに挫折……。挙句の果てには、国語自体が嫌いになり、大学以降は本を読むことすらほとんどありませんでした。

しかし、お金に関する無知さを感じることを次々と経験し、勉強しようと一念発起しました。そのとき、目の前に現れたのは数多くの課題図書です。

「やっぱりやめます……」と思わず言いたくなりましたが、当時の私の感覚からすると、高額なコンサル料を支払っていました。まさに退路が絶たれた状態。そんなとき「速読」に再び出会いました。

過去に二度、失敗しています。そこで、今度は近所にあった速読教室に通い始めました。

教室でのトレーニング自体はこれまでにやっていたものとそれほど大きな差はありませんでした。しかし、始めて4カ月で、ビジネス書1冊を15分で読めるほどになったのです。

ちょうどそんなとき、「大会に出てほしい」と依頼されました。大会には全く興味がありませんでしたが、頼まれ事は、試され事。そんな言葉が頭に浮かび、引き受けることにしました。

しかし当時、ちょうど仕事が忙しくなり、教室に通うのが難しい状況に――。そのときふと思いました。「教室に通えなくても、正しい理論をふまえたトレーニングができればいいのでは?」その考えのもと、自分なりにトレーニングを考え、続けてきました。そして、結果的に「速読日本一」という名誉を得ることができたのです。

ホンモノの速読を身につけよう！

第2章 「ホンモノの速読」を身につける4つのメリット

メリット1

情報処理能力が高まる

速読を身につければ、当然、本を読むスピードが上がります。しかし、速読を身につけるメリットは、それだけではありません。

この章では、「ホンモノの速読」を身につけるメリットの代表的なものを４つ紹介していきます。

メリットのひとつめは、情報処理能力が高まること。

「本を読む」とは、本に書かれている文字情報を処理すること。それを高速でできるようになるのが速読です。

だから、速読を身につけると、情報処理能力そのものが高まっていきます。これは、「頭の回転が速くなる」「判断が速くなる」と言い換えることもできるでしょう。

今の時代、溢れんばかりの情報が行き来しています。技術が劇的に進化し、大半の情報がパソコンやタブレットの画面上で処理されているのは、日々の生活からもよくわかりますね。より速く情報をつかみ、理解し、判断することが、これからの時代の「必須の力」となることは間違いありません。

実際に私が指導している受講生の方々は、ビジネスパーソンが多いのですが、速読を身につけたメリットを聞いてみたところ、「メールのチェックが半分くらいの時間で終わるようになった」という感想がもっとも多く寄せられました。

中には、「書類の処理が4倍程度速くなった」という方もいますし、「1日で16冊の本を読めるようになった」という感想を聞いたこともあります。

これだけの情報処理能力は、読書以外のさまざまな場面でも活かしていけそうですね。

メリット2

「時間が足りない」から解放される

「次から次へと別の仕事が出てきて、のんびりする暇がない」
「やりたいことはたくさんあるのに、時間がない」
「がんばっているつもりなのに、いつも時間に追われている」

これらは非常によく聞く悩みです。

私もシステムエンジニアとして会社に勤めていたころは、いつも仕事や時間に追われる生活を送っていました。帰宅は22時過ぎなのに、翌朝は8時には出社しなければならない……。出張も頻繁で、一年間で60回以上飛行機に乗っていた時期もありました。

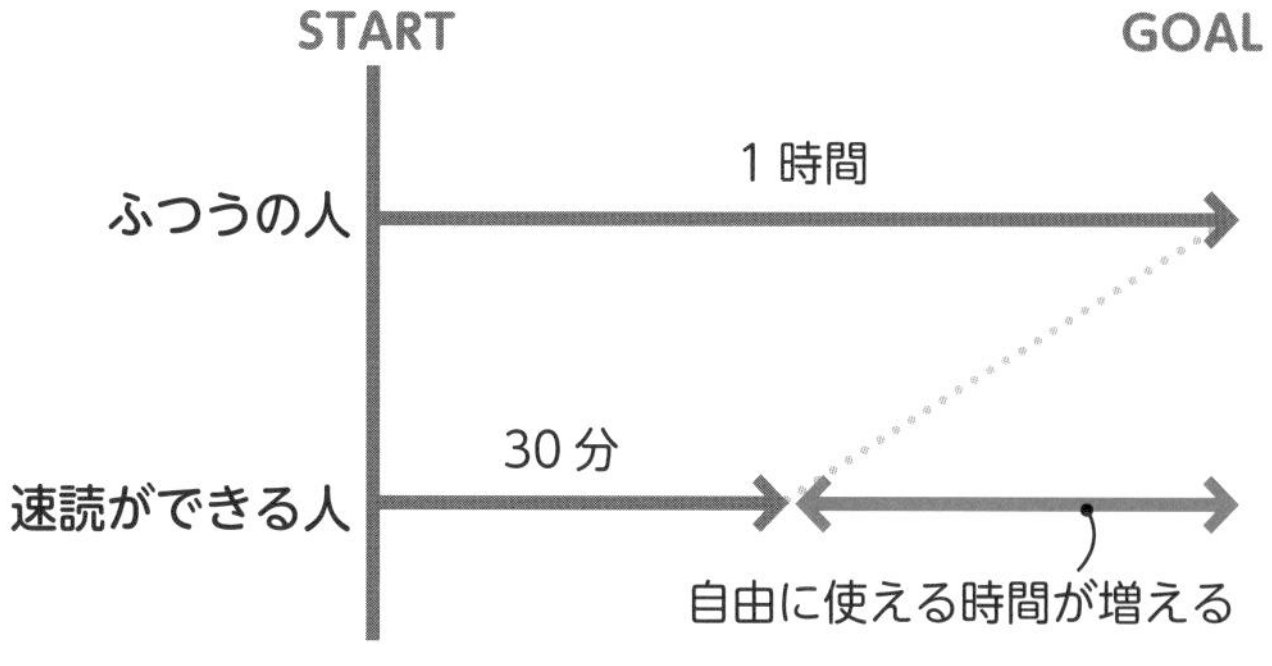

「ふつうの人」と「速読ができる人」の仕事の進め方の違い

こうやって仕事や時間に追われる生活を続けていると、いつの間にか職場と自宅の往復だけになってしまいます。

友人と会う機会もなければ、旅に出ることも、趣味に没頭することもできず、資格取得やスキルアップの時間もない。それでは、「いつかは独立・起業」という夢も果たせるわけがない……。

しかし、ホンモノの速読を身につければ、こんな悩みからも解放されます。

メリット1で、「情報処理能力が高まる」と述べました。処理能力が高まれば、同じ仕事を今までよりも短い時間でできるようになります。

たとえば、ふつうの人が1時間かけて「書類をつくる→チェックする」という1サイクルの作業を終える間に、速読ができる人は複数回のサイクルを回すことができるようになります。

ビジネスパーソンにとって、割り込みの仕事（メールやトラブル対応、同僚・部下からの相談など）が入ることは日常茶飯事。

しかし、集中しなければいけない時間の単位が短くなると、急な割り込み仕事にも、柔軟に対応できるようになります。中断しなければならないケースが少なくなり、結果として仕事の効率が上がるのも間違いありません。

こうした一つひとつの積み重ねで、「時間が足りない」という悩みから解放されるのです。

自分が使える時間は、生まれた瞬間からずっと減り続けるものです。文章を速く読むだけと思われがちな速読ですが、活用次第ではこれほど希少価値のある資産（時間）を増やすことができるツールに変わるのです。

メリット3

仕事の効率が上がる

「仕事の効率が上がる」これも、速読を身につけた人の特徴のひとつです。

速読ができる人は、視野が広くなります。そのため、一つひとつの仕事の処理スピードも上がる（情報処理能力が高まる）のです。

たいていの仕事は、大きな目的を達成するために、何をどうすればいいかを切り分けた一つひとつのタスクです。

視野が広い人（情報処理能力が高い人）は、どうすればうまく仕事が進むかという全体の流れや、一緒に仕事をしている仲間の動きを意識しながら、目の前の一つひとつのタスクに取り組むことができます。

一方、視野が狭い人（情報処理能力が低い人）は目の前にあるタスクのみに集中してしまいがちです。全体の流れが見えなかったり、まわりの人の動きがわからないので、思わぬミスをしたり、予期せぬトラブル対応に追われたりする確率が上がりやすくなります。

それに、仕事の環境は、どんどん変化しています。技術の発達によって、さまざまな作業が自動化され、以前に比べるとより効率的に働けるような環境が整ってきました。

これから、文字入力などの単純作業は、どんどん少なくなるでしょう。でも、どんなに自動化されたとしても、最終的には必ず「人の目」によるチェック、確認が欠かせません。システムがうまく動いているか、今のシステムで問題がないか、問題があるとしたら何をどのように改善すればいいか——それを確認し、判断するのは人間の仕事だからです。自動化、システム化が進めば進むほど、私たちが行う仕事の内容は、確認・チェック・判断の割合が増えてくるのです。

このとき、速読ができる人は、一度に認識できる幅が広いため、問題のあるポイントや違和感のあるポイントを、より速く見つけられるようになります。

文字だけではありません。たとえば、決算書に書かれている数字や資料のグラフ・数値などの瞬間的な認識力も高まります。より速く確認、チェック、判断を行えるようになり、ビジネスの現場で一歩抜きん出た存在になれるでしょう。

メリット4

本をたくさん読むことで人生が豊かになる

最後のメリットは、本との出会いです。

突然ですが、あなたは、本によって人生が劇的に変わったという経験はありますか？

私は、あります。


私は度々、投資関連での出版や講演などの機会もいただいておりますが、かつては、夜遅く帰宅してはFXに取り組み、負け続ける日々を過ごしていました。

そんなときに出会ったのが、『金持ち父さん 貧乏父さん』（ロバート・キヨサキ、シャロン・レクター著、白根美保子翻訳、筑摩書房）という本です。

この本と出会い、「お金に働いてもらうことでお金を生み出す」という考えを知り、深

本を読むことは一流の考えに触れること

読書を通して人間力を高める

夜に帰宅してからパソコンの前でモニターとにらめっこを続ける生活から抜け出せました。友人や家族と過ごしながら、その時間でお金に働いてもらって稼ぐ、長期型のトレードスタイルが確立できたのです（投資の実績も格段によくなりました）。

本を読むことは、ふだん決して会うことのない著名人や、会うことがかなわない歴史上の偉人の考えに触れることです。

これは本に限った話ではありませんが、より意識の高い人、より器の大きい人と一緒にいる時間が長いほど、自分自身の成長が加速されます。それをかなえてくれる身近な存在が、本というツールなのです。

なんらかの世界で一流の人が書いた文章は、自分だけでは決して得られない気づきの機会を与えてくれます。そういった文章に触れることをくり返す中で、自分の意識も高まります。そして、仕事のスキル・能力だけではなく、人間力まで高まっていくのです。

「類は友を呼ぶ」という言葉がありますが、一流の人が書いた本を読むことで、自分自身を一流に近づけていくことができるのです。

速読ができると、ふだん接する機会のない人の考え、気づきに触れる機会が確実に増えます。

それは、私たちの成長につながるのはもちろんのこと、人生をより豊かなものにするチャンスにもなると思いませんか？

コラム

速読トレーニングの体験談

ここで、みなさまからいただいた体験談をいくつかご紹介します。参考になれば幸いです。

「速読を習う前は、難しそうな本や分厚い本など、一歩構えるような本には手が伸びずにいました。しかし速読を習ってからは、どんな本でも、読むときの心理的なハードルが下がったように思います。またさまざまな本が読めるようになったおかげで、視野も広がったと感じています」（50代女性）

「多忙のため読書ができなくなっていたのですが、速読を学んだおかげで、読書ができるようになりました。元々1冊を読むのに2時間くらいかかっていたのですが、今は30分くらいで読み進めることができています。国家資格の試験も速読を学んでいたおかげで、合格することができました！」（40代女性）

「英語の文章を読むとき、以前は、行ったり来たりしながら読んでいたので、とにかく時間がかかっていた。しかし速読トレーニングをやってからは、前から順に読んでも、ある程度内容がわかるようになった。概要をつかむスピードも確実に上がったと思う」（30代男性）

「速読トレーニングを始めてから、速く読めるようになったのはもちろん、以前よりも読書習慣が身につきました。1カ月に1冊読めればいいほうでしたが、今は1カ月に4冊（週1冊）をそれぞれ2～3回くり返し読む習慣が定着しました。冊数は多くないかもしれませんが、一冊をしっかり読み込めているので、自己成長に活かせる速読ができるようになったと感じていて、とても満足しています」（40代男性）

第2部
実践編

トレーニングで
速読力を高めよう！

第3章　速読トレーニング①
目線移動

3種類の速読トレーニングの目的と取り組む順番

第2部では、「読む」プロセスを訓練によって高速化していくトレーニング型速読のやり方をご紹介します。トレーニングの中身は次の3つになります。

①目線移動トレーニング
②認識幅拡大トレーニング
③瞬間認識力トレーニング

目線移動トレーニングは、目線を速く動かしながら文章を見ることに慣れていくことが主な目的です。文章を読むときに「なぞり読む」クセをとり、「見て理解」に切り替える感覚を身につけていきましょう。

認識幅拡大トレーニングは、一度に見る文字数を増やすことが目的です。「読む」と「見る」の切り替えができるようになったら、次は「見る」ときの文字数を増やして読むスピードを上げていきましょう。

瞬間認識力トレーニングは、高速でも文字認識できる力を上げていくことが目的です。一度に見る文字数が増えて、次の文章を見るための目線移動が少なくなると、文字を見るスピードをさらに加速させることができます。そのスピードについていけるだけの文字認識力を鍛えて、さらにスピードアップを目指しましょう。

トレーニングの順番ですが、まずは目線移動トレーニングから始めます。認識幅拡大トレーニングと瞬間認識力トレーニングは前後しても問題はありません。これらの力は個人差が大きく、人によって優先したほうがいいものが違うためです。速読トレーニングは「苦手とする力を克服する」よりも「得意とする力を伸ばす」を優先するほうが早く習得できます。「つらい」よりも「楽しい」と思えるものから取り組んでください。

種類	目的
目線移動トレーニング	「読む」⇄「見る」の切り替えをスムーズに
↓	
認識幅拡大トレーニング	一度に見る文字数を増やす
瞬間認識力トレーニング	高速でも文字認識できる力を上げる

※「認識幅拡大トレーニング」と「瞬間認識力トレーニング」はどちらから先に取り組んでもOK

トレーニングの流れ（種類と目的）

トレーニングの注意点「読まない」「理解しない」見ることだけに集中する

目線移動のトレーニングに取り組む際の注意点をひとつ紹介します。

それは、

「理解しなくてもいい」

ということです。

読みながら理解する。これは、あなたの体に染みついている習慣です。

今までに慣れ親しんだ読み方を矯正する第一歩は、「読む」と「理解」を分けて考えること。とにかく、目線を速く動かします。

ここで取り組むのは、あくまでも「練習」です。練習の段階では、理解できなくても全く問題ありません。

むしろ、理解しようとすると、どうしても目線の動きは遅くなってしまいます。それでは、練習の効果が薄れてしまうのです。


読むのが遅い人には、いくつか傾向があります。

典型的なものが、読んでいる途中でいろいろ考え事をしてしまうこと。考えている時間が長すぎて、結果的に何も読んでいないのです。

つまり、読むのが遅いのではなく、読んでいない時間が長すぎるということです。


スムーズな目線移動で、なるべく短時間で一冊を読み切る感覚を身につける。これが速読の第一歩です。

実際の読書とトレーニングは別モノだと割り切ってください。まずは「見ること」に集中しましょう。文字を追う目線移動の〝引っかかり〟がとれるだけでも、文章を読む時間は確実に短くなります。

なお、詳細は後述しますが、ほかのトレーニングも進め、速読力が高まってくると、目線移動は減ることになります。

中には、「目線自体をあまり動かさなくなるなら、目線を速く動かすトレーニングは必要ないのでは？」と思う方もいるかもしれません。

しかし、このトレーニングは「見て理解」の習慣づけだけでなく、眼の疲労感を軽減するなど、読む作業に対して間接的な効果をもたらす面もあるため、ぜひ続けてください。目線移動トレーニングで日頃から眼を動かし続けていれば、一冊読み終えた後の疲労感がずいぶん少なくなります。

目線移動トレーニングは、速読力がある程度高まってきたら、「トレーニングするぞ！」と気合いを入れて取り組む必要はありません。むしろ、待ち時間などにほんの少しやるくらいの気軽な気持ちで取り組むだけで、十分効果が出るでしょう。

基本の
トレーニング１

２点読みトレーニング

まずは「2点読みトレーニング」です。「読む」とありますが、ふだん読書をするような読み方ではありません。文字を意識せず、見るクセをつけることだけを意識して取り組みましょう。

トレーニングの手順

STEP1 トレーニングシートを準備する

61～62ページのトレーニングシートを準備してください。

記号版と文字版の2種類がありますが、どちらもＡ４サイズの紙に拡大コピーして使います。

STEP2 「記号」2点読みトレーニング

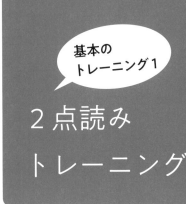

はじめに、記号版のシートを使います。

シートを見ると、左右の点の間に記号が羅列されていますね。どんな記号かは意識しないでください。

まずは、1行目から左右の点（◆）を交互に見ていきます。時間は60秒間を目安に取り組んでみましょう。

なお、シートを眼の近くにもってきたりする必要はありません。リラックスしたスタイルで見るようにしましょう。


このトレーニングのポイントはできる限り〝速く〟見ることです。

速く見ることができるのであれば、首を振りながら見ても構いません。


紙に書かれているのはすべて記号です。

理解すべきものは何もありません。とにかく速く、シートの1行目から最終行までを何往復できるか。それだけに集中して取り組みましょう。

STEP3 「文字」2点読みトレーニング

記号版のシートを60秒見たら、次は文字版のシートを使います。要領は、記号版のシートの場合と同様です。

左右の点（◆）だけを、なるべく速いスピードで、ひたすら見ていきます。

先ほどは、間に書かれているのは記号でしたが、今度は文章です。文章に変わっても、**内容を覚える必要も、理解する必要も一切ありません。**

記号版のシートと同じか、それ以上のスピードで、なるべく速く見ることに集中しましょう。

こちらも、60秒見たら終了です。

2点読みトレーニングシート（記号）

◆ @@@@@@@@@@@@@@@@@@@@@@@@@@@@@ ◆
◆ &&&&&&&&&&&&&&&&&&&&&&&&&&&&& ◆
◆ ☆☆☆☆☆☆☆☆☆☆☆☆☆☆☆☆☆☆☆☆☆☆☆☆☆☆☆☆☆ ◆
◆ ＊＊＊＊＊＊＊＊＊＊＊＊＊＊＊＊＊＊＊＊＊＊＊＊＊＊＊＊＊ ◆
◆ ∞∞∞∞∞∞∞∞∞∞∞∞∞∞∞∞∞∞∞∞∞∞∞∞∞∞∞∞∞ ◆
◆ ♀♀♀♀♀♀♀♀♀♀♀♀♀♀♀♀♀♀♀♀♀♀♀♀♀♀♀♀♀ ◆
◆ △△△△△△△△△△△△△△△△△△△△△△△△△△△△△ ◆
◆ ※※※※※※※※※※※※※※※※※※※※※※※※※※※※※ ◆
◆ $$$$$$$$$$$$$$$$$$$$$$$$$$$$$ ◆
◆ ♪♪♪♪♪♪♪♪♪♪♪♪♪♪♪♪♪♪♪♪♪♪♪♪♪♪♪♪♪ ◆
◆ ◎◎◎◎◎◎◎◎◎◎◎◎◎◎◎◎◎◎◎◎◎◎◎◎◎◎◎◎◎ ◆
◆ ♯♯♯♯♯♯♯♯♯♯♯♯♯♯♯♯♯♯♯♯♯♯♯♯♯♯♯♯♯ ◆
◆ ？？？？？？？？？？？？？？？？？？？？？？？？？？？？？ ◆
◆ ～～～～～～～～～～～～～～～～～～～～～～～～～～～～～ ◆
◆ ℃℃℃℃℃℃℃℃℃℃℃℃℃℃℃℃℃℃℃℃℃℃℃℃℃℃℃℃℃ ◆
◆ ￥￥￥￥￥￥￥￥￥￥￥￥￥￥￥￥￥￥￥￥￥￥￥￥￥￥￥￥￥ ◆
◆ ＝＝＝＝＝＝＝＝＝＝＝＝＝＝＝＝＝＝＝＝＝＝＝＝＝＝＝＝＝ ◆
◆ ◇◇◇◇◇◇◇◇◇◇◇◇◇◇◇◇◇◇◇◇◇◇◇◇◇◇◇◇◇ ◆
◆ ±±±±±±±±±±±±±±±±±±±±±±±±±±±±± ◆
◆ □□□□□□□□□□□□□□□□□□□□□□□□□□□□□ ◆
◆ 〒〒〒〒〒〒〒〒〒〒〒〒〒〒〒〒〒〒〒〒〒〒〒〒〒〒〒〒〒 ◆
◆ ♂♂♂♂♂♂♂♂♂♂♂♂♂♂♂♂♂♂♂♂♂♂♂♂♂♂♂♂♂ ◆
◆ ΩΩΩΩΩΩΩΩΩΩΩΩΩΩΩΩΩΩΩΩΩΩΩΩΩΩΩΩΩ ◆
◆ ≫≫≫≫≫≫≫≫≫≫≫≫≫≫≫≫≫≫≫≫≫≫≫≫≫≫≫≫≫ ◆
◆ ΨΨΨΨΨΨΨΨΨΨΨΨΨΨΨΨΨΨΨΨΨΨΨΨΨΨΨΨΨ ◆
◆ ααααααααααααααααααααααααααααα ◆

２点読みトレーニングシート（文字）

◆　或時雨の降る晩のことです。私を乗せた人力車は、何度も大 ◆
◆ 森界隈の険しい坂を上ったり下りたりして、やっと竹藪に囲ま ◆
◆ れた、小さな西洋館の前に梶棒を下しました。もう鼠色のペン ◆
◆ キの剥げかかった、狭苦しい玄関には、車夫の出した提灯の明 ◆
◆ りで見ると、印度人マテイラム・ミスラと日本字で書いた、こ ◆
◆ れだけは新しい、瀬戸物の標札がかかっています。 ◆
◆　マテイラム・ミスラ君と云えば、もう皆さんの中にも、御存 ◆
◆ じの方が少くないかも知れません。ミスラ君は永年印度の独立 ◆
◆ を計っているカルカッタ生れの愛国者で、同時に又ハッサン・ ◆
◆ カンという名高い婆羅門の秘法を学んだ、年の若い魔術の大家 ◆
◆ なのです。私は丁度一月ばかり以前から、或友人の紹介でミス ◆
◆ ラ君と交際していましたが、政治経済の問題などはいろいろ議 ◆
◆ 論したことがあっても、肝腎の魔術を使う時には、まだ一度も ◆
◆ 居合せたことがありません。そこで今夜は前以て、魔術を使っ ◆
◆ て見せてくれるように、手紙で頼んで置いてから、当時ミスラ ◆
◆ 君の住んでいた、寂しい大森の町はずれまで、人力車を急がせ ◆
◆ て来たのです。 ◆
◆　私は雨に濡れながら、覚束ない車夫の提灯の明りを便りにそ ◆
◆ の標札の下にある呼鈴の釦を押しました。すると間もなく戸が ◆
◆ 開いて、玄関へ顔を出したのは、ミスラ君の世話をしている、 ◆
◆ 背の低い日本人の御婆さんです。 ◆
◆ 「ミスラ君は御出でですか」 ◆
◆ 「いらっしゃいます。先程からあなた様を御待ち兼ねでござい ◆
◆ ました」 ◆
◆　御婆さんは愛想よくこう言いながら、すぐその玄関のつきあ ◆
◆ たりにある、ミスラ君の部屋へ私を案内しました。 ◆

出典：『魔術』（芥川龍之介著）

基本のトレーニング2

眼筋トレーニング

次に、「眼筋トレーニング」です。

眼筋トレーニングでは文字通り、眼の筋肉を動かします。トレーニングというと、筋肉を鍛えるという感じがするかもしれません。しかし、ここでは眼のストレスを解消してスムーズに動くようにストレッチをする感覚で取り組みましょう。そのうえで、73ページ以降で紹介するトレーニングをふだんの生活に取り入れていってください。

トレーニングの手順

STEP1 トレーニングシートを準備する

68～72ページのトレーニングシートを準備します。なるべく大きめの紙（A4サイズ）

に拡大コピーして使ってください。

眼筋トレーニング用のスマートフォンアプリなどもあるようですが、小さい画面上で取り組んでも眼を動かさずにすべての点が見えるので、あまり効果はありません。

どうしても紙を使いたくない方は、10・5インチ以上のディスプレイに映し出し、かつ画面と眼の距離を近づけて取り組んでください。ただ、ここまでの手間をかけるのであれば、シートを印刷しておいたほうが楽だと思います。

STEP2 縦→横→縦対角→横対角の順に目線を動かす

ここで重要なのは、縦と横だけなど、偏ったトレーニングを行わないことです。順番は、必ずしもこの通りではなくても大丈夫ですが、縦、横、対角とバランスよく眼を動かすようにしましょう。

シートは、眼の位置から15〜20センチの距離にもってきます。そして各点を0・5秒のスピード間隔で、①→②→③……と眼を動かしていき、縦、横、対角それぞれのシートを30秒ずつ見ていきます。

なお、コンタクトレンズなど眼に触れるものをつけている方は、必ず外したうえでトレーニングに取り組みましょう。眼が、想像以上に速く激しく動くためです。

トレーニング中は、目線を大きく動かすこと、速すぎず、遅すぎないスピード感覚で見ることを意識します。0・5秒間隔のスピードで、より大きく動かしていくといいでしょう。速く動かすことに集中するほど、眼が動いていないことが多く、自分ではそれに気づきにくいためです。

さらに、速く動かそうとするあまり、首や体を動かして点を追いかける人も多いので要注意。眼が動かなければ、トレーニングの効果はありません。より大きく動かす意識を忘れずに取り組みましょう。

なお、眼に疾患のある方は、症状によってこのトレーニングはやってはいけない運動になる可能性があります。実施前に必ず専門医に相談してください。

またやっている途中で「調子が悪い」など違和感があった場合（特に高齢の方）も、ムリせず中断してください。

前で紹介した「2点読み」など、眼に負担をかけずにできるトレーニングを中心に、ムリのない範囲で取り組みましょう。

STEP3 円運動で締めくくり

そしてひと通り終わったら、最後は必ず円運動で締めます。円運動とは、視線をぐるりとひと回りさせることです。

シートの位置は、同じく眼から15～20センチの位置。そして1周に10秒程度かけてゆっくりと目線を動かしていきます。円運動を3回くり返したら眼筋トレーニングは終了です。

- 縦、横、対角とバランスよく行う
（偏ったトレーニングはNG）
- 眼の位置から15〜20センチ離す
- 各点0.5秒のスピードで見る
- コンタクトレンズは外す
- 速く動かすよりも大きく動かすことを意識
- 首や体を動かさずに眼を動かす
- 眼に疾患のある人は医師に相談してから取り組む

眼筋トレーニングの注意点

眼筋トレーニングシート（上下）

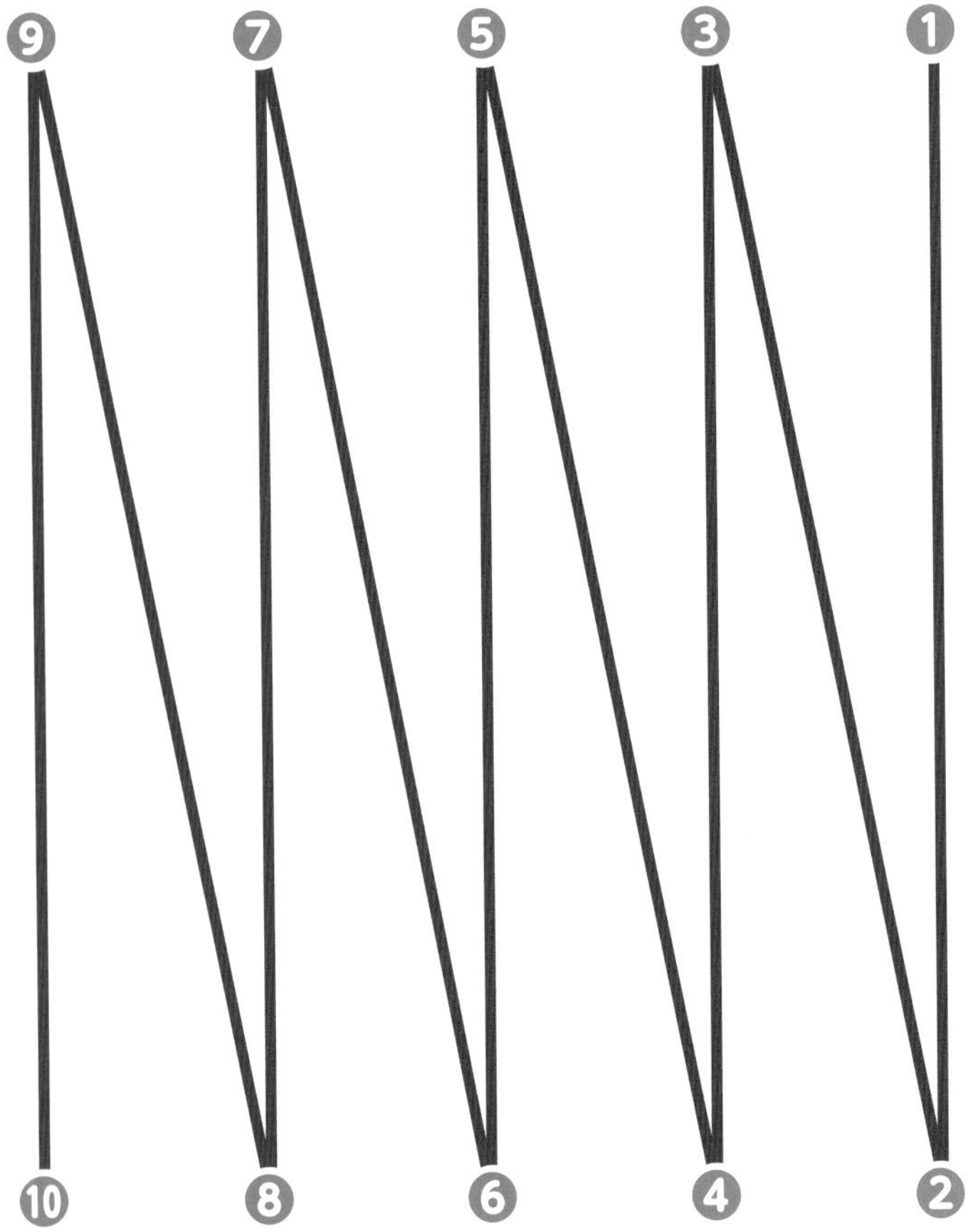

眼筋トレーニングシート（左右）

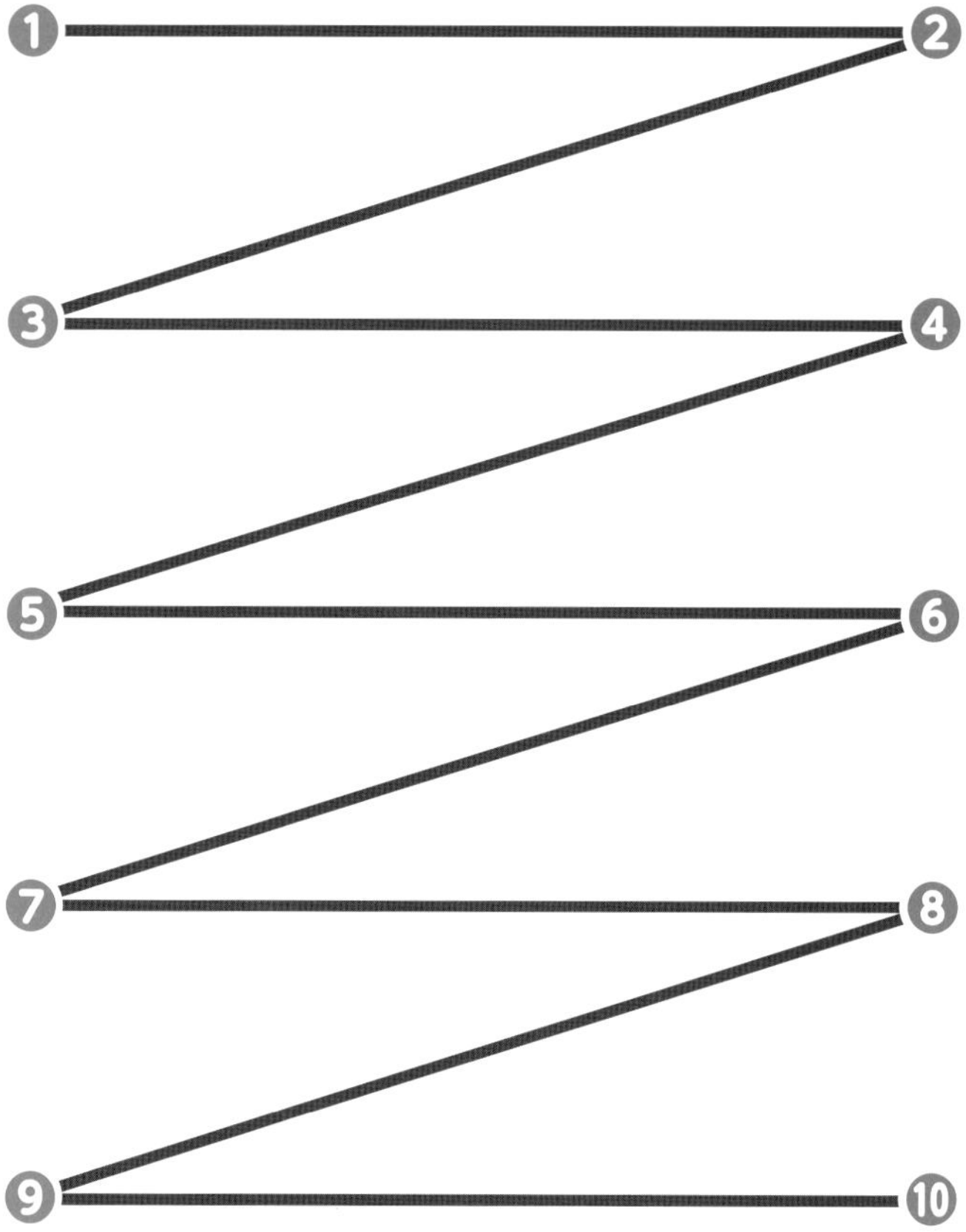

眼筋トレーニングシート（縦対角）

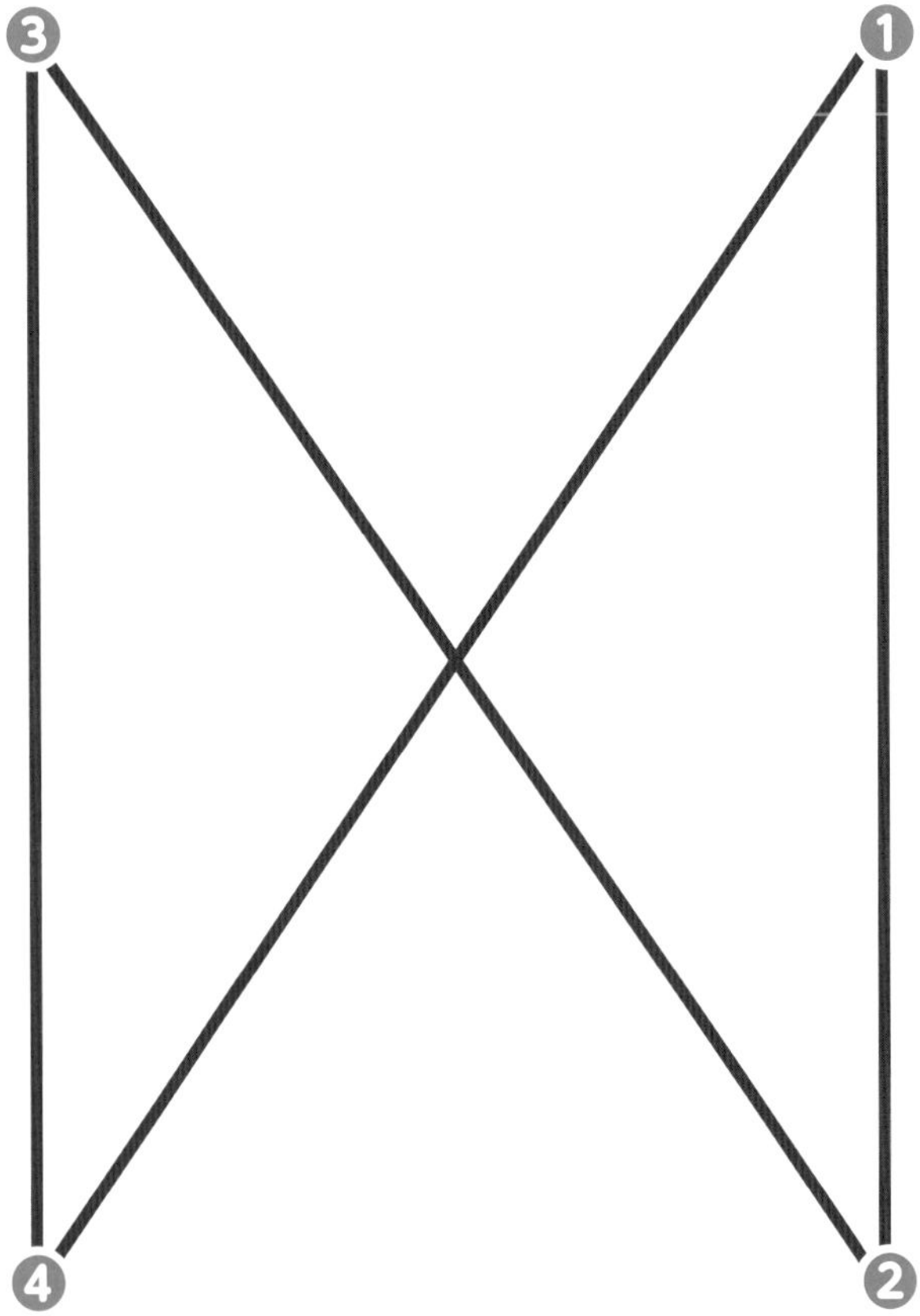

眼筋トレーニングシート（横対角）

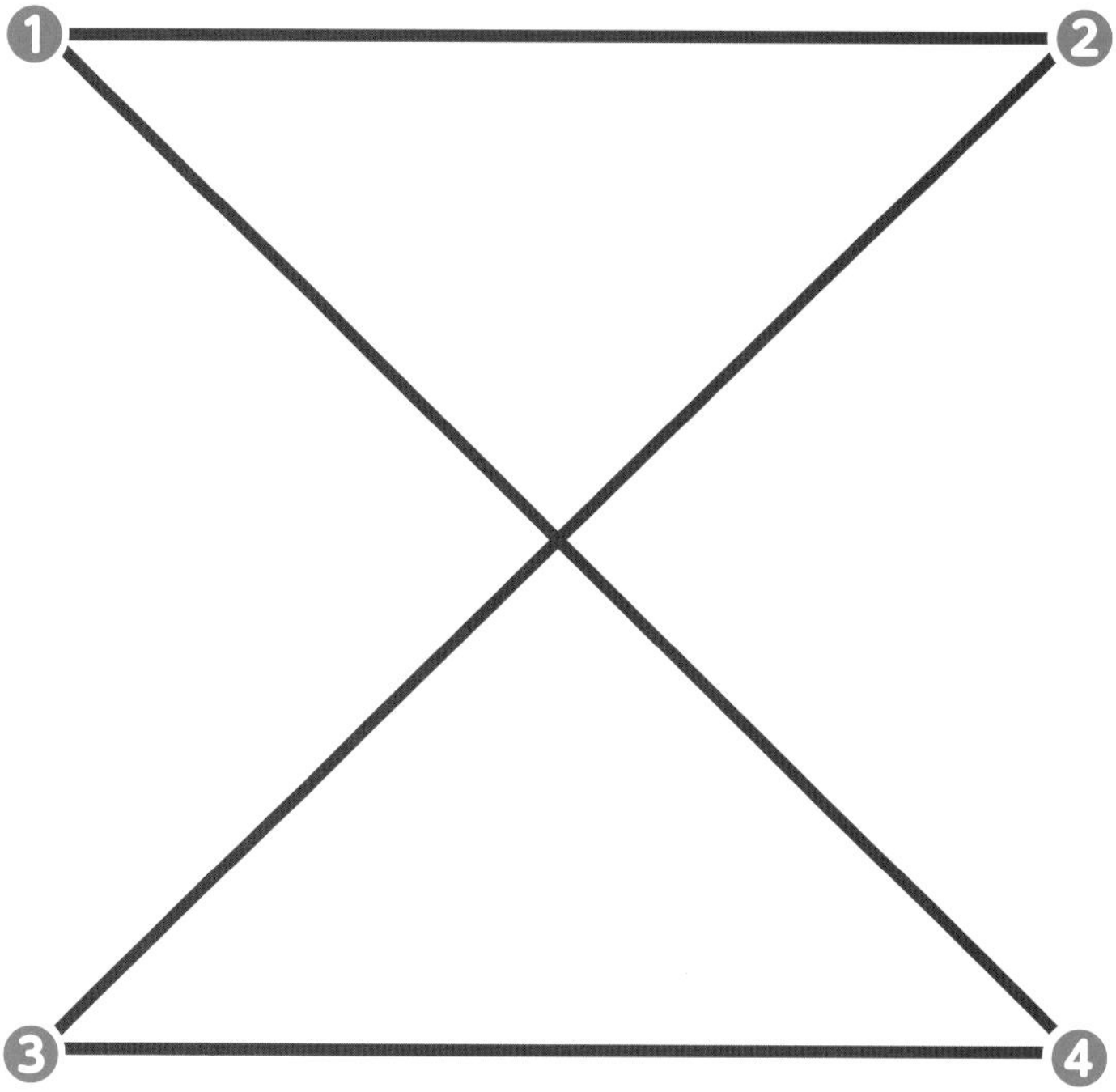

眼筋トレーニングシート（円運動）

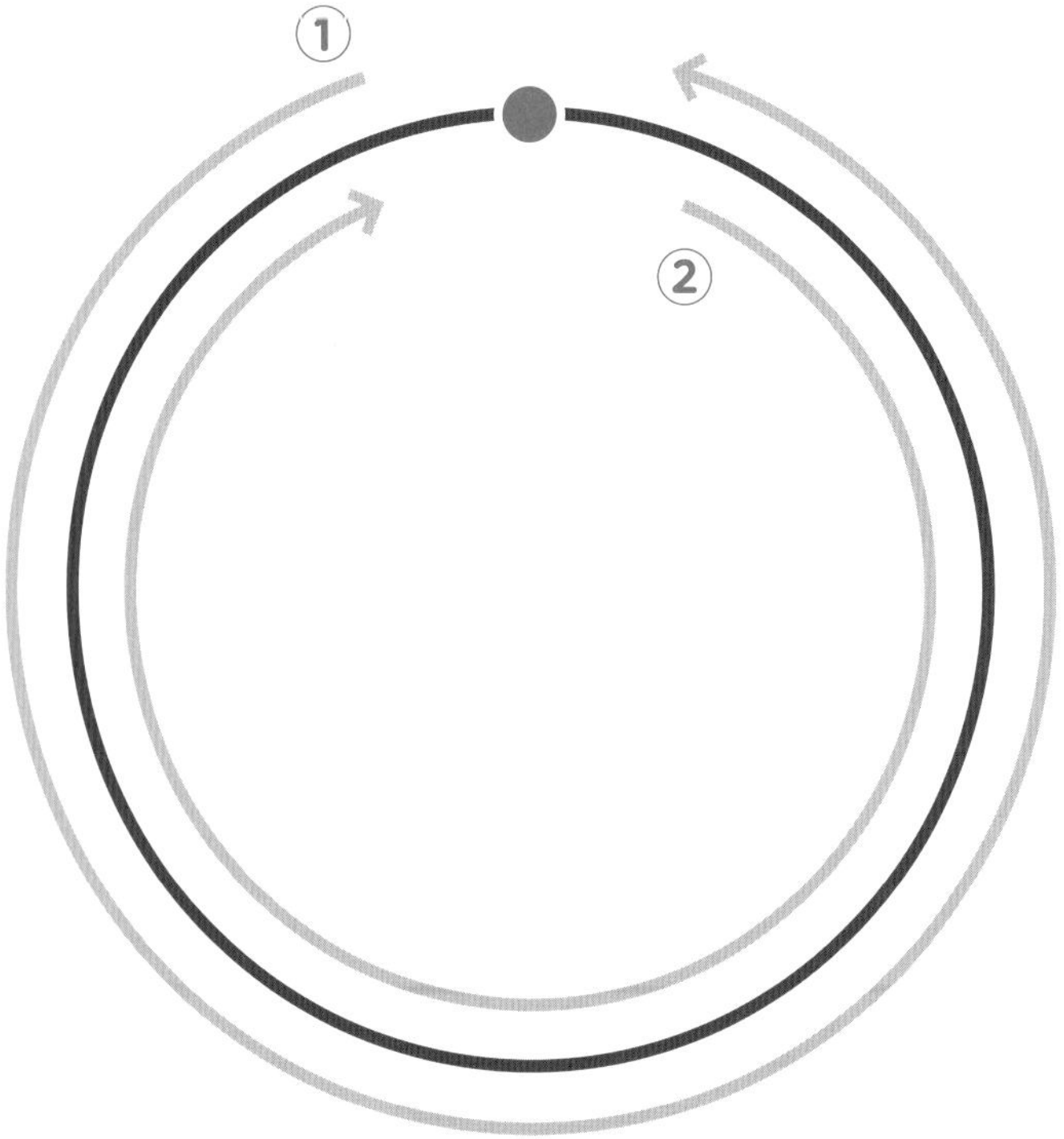

いつでもトレーニング1

寝ながら視線運動トレーニング

ここからは目線移動の基本トレーニングを日常生活に取り入れるためのトレーニング例（いつでもトレーニング）を紹介します。

注意点は、前のページまでで解説したことと同じです。どういう感覚だったかを思い出しながら、取り組んでいきましょう。

基本トレーニングでは、「○秒」のような実施時間を紹介しましたが、これから紹介するいつでもトレーニングでは、実施時間は気にしなくて大丈夫。一応の目標時間は書いてありますが、目標時間通りに取り組むよりも、継続することを大切にしましょう。

まずは、寝ながらでもできるトレーニングです。

たとえば、寝起きのタイミングで天井を見上げます。天井が四角形に見える場合（デザイナーズマンションなどでなければ、たいてい四角形に見えるはずです）、壁のふちを基準に、目線を動かします。

目線の動かし方は、63ページで紹介した「眼筋トレーニング」と同じ順番が理想的です。「縦→横→縦対角→横対角→円運動」ですが、そこまで厳密に考えなくても大丈夫。1日に数秒でいいので、毎日続けることが大切です。

トレーニングのポイントは67ページで説明した内容と同じです。目線を大きく動かすこと。それから、0・5秒のスピードで目線を動かすことを意識しましょう。

物を見るときは眼と脳が連携して働いていると考えると、眼の動きに応じて脳も動く（活性化する）ことになります。朝起きたときにやると、頭の回転が上がった状態でスタートダッシュを切り、いい一日が過ごせるでしょう。

寝ながら視線運動トレーニング

■準備するもの

□特になし

■目標時間

□縦、横、縦対角、横対角それぞれ30秒
円運動は時計回り、反時計回りを1セット
（20秒程度）として3セット

■トレーニングの手順

❶ 寝転んだ状態で天井を見る

❷ 天井の模様を基点に
目線を動かす

理想は縦→横→縦対角→横対角
→円運動で締めくくり

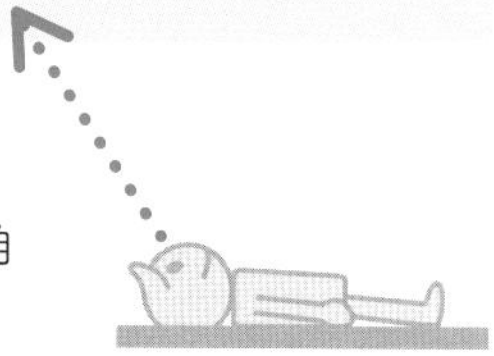

■トレーニングの注意点

□目線を大きく動かす
□目線を動かすスピードは0.5秒程度
（円運動はゆっくり）

■効果

□眼のストレスから解放される
□目線の動きがスムーズになる

いつでも
トレーニング2

お風呂でできる簡単視線運動

前のページでは、天井を使ったトレーニングを紹介しました。

次に紹介するのは、天井ではなく、壁を使ったトレーニングです。

たとえば、お風呂に入ってリラックスしているときも、眼筋トレーニングに最適です。お風呂の中で、目印となるポイントを定めて、ちょっと眼を動かしてみるといいでしょう。

要は、基準となる目印、ポイントが置ける場所があれば、寝起きにこだわる必要はないわけです。

ムリせず続けましょう。

何より大切なのは、継続だということを忘れないでください。

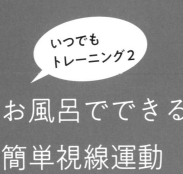

お風呂でできる簡単視線運動

■準備するもの

□特になし

■目標時間

□縦、横、縦対角、横対角それぞれ30秒
円運動は時計回り、反時計回りを1セット（20秒程度）として3セット

■トレーニングの手順

❶壁を見る

❷壁の模様を基点に
目線を動かす

理想は縦→横→縦対角→横対角
→円運動で締めくくり

■トレーニングの注意点

□目線を大きく動かす
□目線を動かすスピードは0.5秒程度
（円運動はゆっくり）

■効果

□眼のストレスから解放される
□目線の動きがスムーズになる

いつでもトレーニング３

待ち時間視線トレーニング

ここまでは自宅でできる方法を紹介しましたが、トレーニングの場所は自宅に限られません。眼を動かすための基準、目印となるポイントがあれば、どこでもトレーニングはできます。たとえば、電車を待っている時間も、トレーニングの時間に変えられます。駅のホームと天井を交互に見ることもトレーニングです。また、空港のラウンジで左右の柱を交互に見ることもトレーニングです。

もちろん、ただ動かせばいいわけではありません。「基本トレーニング」の感覚をつかんだうえで、目線を動かすことを意識して取り組みます。

１回に行う時間は数秒〜数十秒だとしても、効果は得られるでしょう。

待ち時間視線トレーニング

■準備するもの

□特になし

■目標時間

□60秒

■トレーニングの手順

❶ 2点を探す
（例：駅のホームと天井、空港のラウンジの左右の柱など）

❷ 2点を交互に見る

■トレーニングの注意点

□目線を大きく動かす

■効果

□目線の動きがスムーズになる

いつでもトレーニング4

高速立ち読みトレーニング

次に、「2点読みトレーニング」の応用例です。58ページでは、記号を使う方法と文字を使う方法のふたつを紹介しましたが、ここでは、文字を使う方法を紹介します。

トレーニングの舞台となるのは、書店や図書館など本がある場所です（もちろん自宅の本棚でも大丈夫です）。小説でもビジネス書でも何でもいいので、好きな本を手にとります。

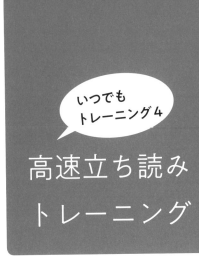

縦書きであれば各行の上下、横書きであれば各行の左右に点があると考え、ひたすら高速で見るといった具合です。

一冊全部見ても構いませんし、ごく一部分（たとえば1章分）だけでも大丈夫。「取り組む時間（量）」にルールはありません。ムリなく、負担なく続けられる範囲で取り組みましょう。

ムリを感じないという意味でいうと、立ち読みの前にその本の目次に目を通しておくことをオススメします。高速で上下左右と目線を動かす中でも、目次に目を通しておくと、ある程度内容が頭に入ってくる場合があるからです。

トレーニングを兼ねて、興味のある本、読んでみたい本を使えば、情報収集の一助にもなり、まさに一石二鳥。トレーニングを続ける原動力にもつながるかもしれません。

ただし、あくまでも「スムーズな目線移動」が大切なので、内容をつかむことは意識しすぎないでください。音楽を聴きながら取り組むと、内容をつかむほうに意識が向かなくなるのでオススメです。

逆に内容が気になってしまう場合は、少しスピードを落としても構いません。スピードを落とす基準は1行あたり0・5〜1秒間隔をひとつの目安と考えてください。

高速立ち読みトレーニング

■準備するもの

□ 興味のある本、好きな本

■目標時間

□ 1冊5～10分（1行0.5秒以内のスピードで）

■トレーニングの手順

● 縦書きの場合
各行の上下2点を交互に見る

● 横書きの場合
各行の左右2点を交互に見る

■トレーニングの注意点

□ 可能な限り目線の移動速度を速くする
□ 各行の始点終点だけを見る（音楽を聴きながらやると文字に意識がいかなくなるのでオススメ）

■効果

□ なぞり読みのクセがとれる
□ 目線の動きがスムーズになる

コラム

「読むのが遅すぎる」と悩む方へ

本書をお読みの方は、「もっと速く読めるようになりたい」と高みを目指す方もいらっしゃると思いますが、「読むのが遅すぎる」という悩みから速読に興味をもった方もいらっしゃるのではないでしょうか？

後者の悩みをもつ方には、「音声読書」をオススメします。読むのが遅くなる原因のひとつに、「考え込みすぎてしまう」ことがあります。最初の数ページの内容だけでいろいろと考えてしまい、先にある文章を読めなくなってしまう状態です。

私自身も、元々読むのが遅く、一冊を読み切ることができないほど、読書が苦手だったのですが、原因はまさにそれでした。

しかし、音声を聞きながら文章を見ていくと、戻り読みができなくなります。すると、流し続けてさえいれば、まずは一冊を読み切ることができます。

考え込んでしまって読むのが止まることがなくなるので、少なくとも読まない時間に費やしていた分は、必ず速く読めるようになるのです。

音声読書を活用した読書は、「より速く」を求めるトレーニングというよりは、「立ち止まらず、スムーズに読める」ようになるためのリハビリに近いかもしれません。

そのため、劇的なスピードアップを見込むものではありませんが、部分的な文章だけを見て考え込んでしまうクセのある方にとっては非常に有効です。ぜひ試してみてください。

第2部
実践編

トレーニングで
速読力を高めよう！

第4章　速読トレーニング②
認識幅拡大

なぞり読みのスピードを上げるには限界がある

この章では、「文字を見る幅を広げる」ためのトレーニングに取り組んでいきます。

本格的にトレーニングを始める前に、重要な注意点があります。それは、

「なぞり読みをやめる」


ことです。「なぞり読み」は29ページでも簡単に説明しましたが、文字をなぞりながら頭の中で音読（黙読）する読み方です。

なぞり読みをしている限り、どうしても1文字ずつ捉えてしまうクセが抜けず、それでは速読が身につきません。

ある程度の語彙力がついてきたら、なぞり読みだけではなく、「文字を見て理解する読

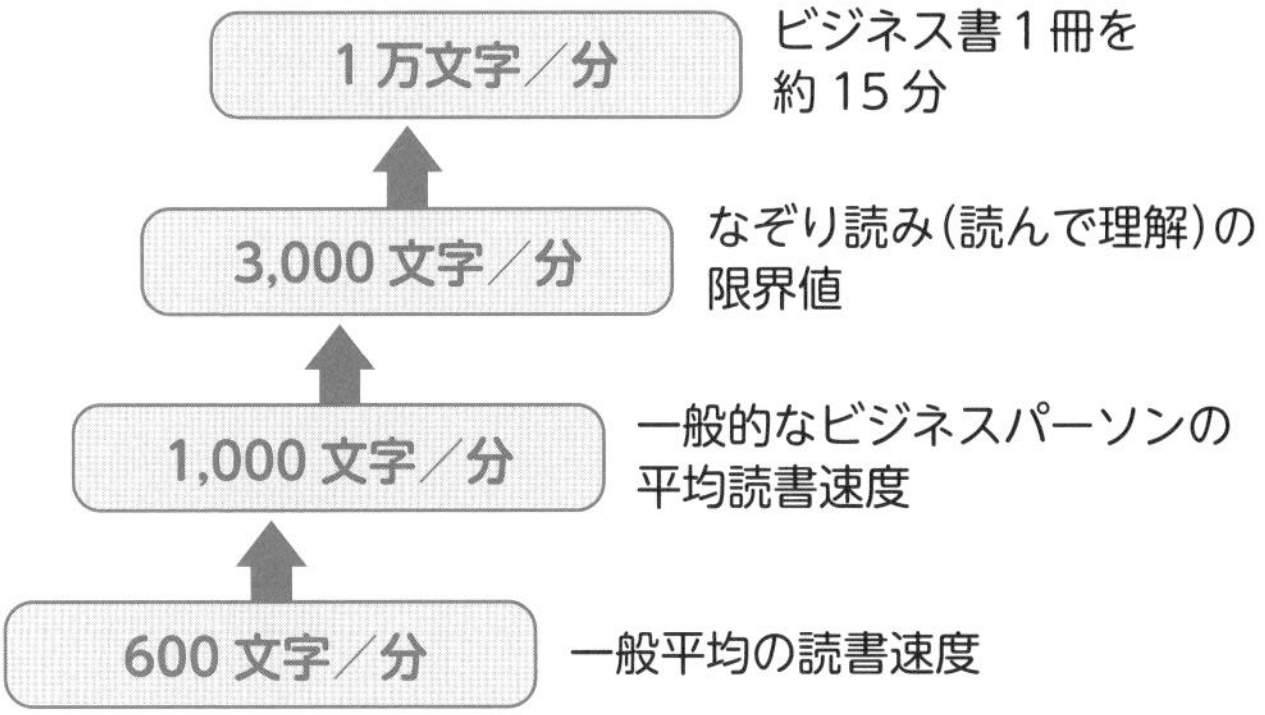

読書速度の目安（参考）

み方」に切り替えることもできたほうがいいでしょう。

　ちなみに、なぞり読みのスピードは、「平均600文字／分」です。また、どんなに速く読めるようになっても、なぞり読みだと「3000文字／分」が限界だといわれています。3000文字／分のスピードだと、一冊の本を読むのに1時間ほどかかります。

　一方、速読トレーニングで目標とする速度は、「1万文字／分」です。

　もちろん、みんながみんなこのレベルに達する必要はありません。なぞり読みで最大限の読書速度（3000文字／分）より速い読書速度になれば、十分速読をツールとして活用できるレベルになります。

「文字を塊で読む」とはどういうことか？

1文字1文字なぞり読まず、「文字を見て理解する」とは、どのようにすればできるのかを、ここでは詳しく説明します。

「文字を塊で見て理解する読み方」では、一度に7～11文字単位で読み進めていきます。目線を動かすスピードが変わらないとすれば、**一度に読める量（見て理解できる量）が格段に増える**ことは想像がつきますね。

もちろん、いきなり、7～11文字単位で読み進められなくても大丈夫です。ほんの少し意識を変えるだけで読書速度は約2倍になります。

「文字を見て理解する」ってなんだか難しそうだなぁ……。

そう思う方もいるかもしれませんが、実はほとんどの人は無意識にやっています。

たとえばレストランに入ったとき、店員さんにメニュー表を「読ませてください」と言う人はいません。「見せてください」と言いますよね。メニュー表には「バターチキンカレー」など、文字が書かれていますが、メニューは「1文字1文字なぞり読む」というより、「見る」という感覚に近いのでは？

つまり、私たちは気づかないうちに文字を「見て理解」しているのです。1文字単位でなぞり読むのと違い、一度に複数文字を見ることになるため、一度に「見て理解」できる**文字数が増えるほど、読書速度は上がる**ことになるのです。

なお、私が「速読は誰でもできる」と明言している理由は、ここにあります。つまり、速読は元々できることをやるだけだからです。

私たちは、もう速読に必要な力をもっていると思うと、少し気が楽になりませんか？

そうした力をトレーニングで、さらに引き出していきましょう。

1行あたり40文字の本の場合

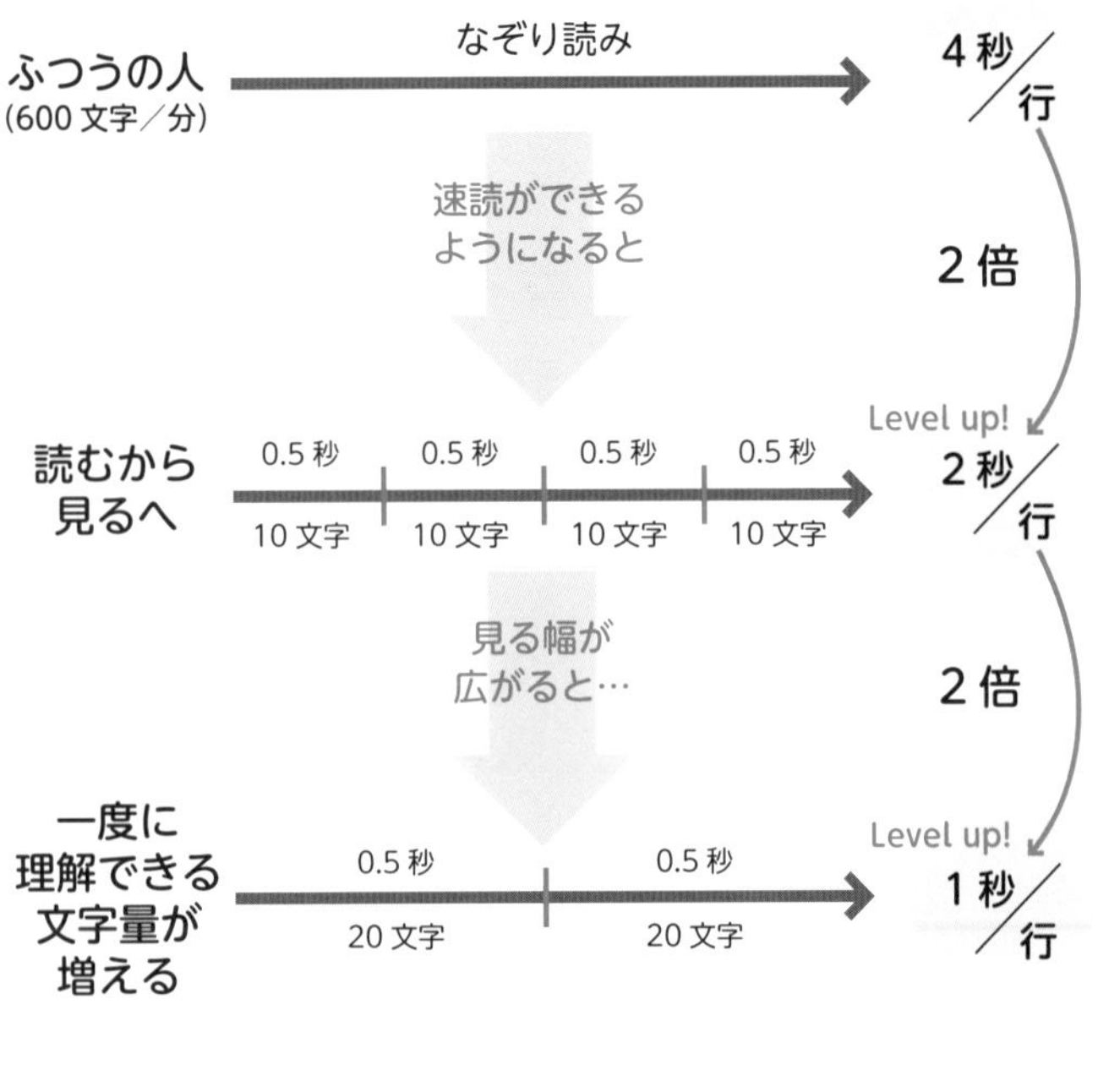

「文字を塊で見る」と読書速度が上がる！

英語にも応用できる「ブロック読み」

「文字を塊で読む」ことを体感してみましょう。

次の文章は宮沢賢治の『よだかの星』の一部です。


よだかは、実にみにくい鳥です。

顔は、ところどころ、味噌をつけたやうにまだらで、くちばしは、ひらたくて、耳までさけてゐます。

足は、まるでよぼよぼで、一間とも歩けません。

ほかの鳥は、もう、よだかの顔を見ただけでも、いやになってしまふといふ工合でした。

「ブロック読み」とは、その名の通り、文章を「塊(ブロック)」に分けて読んでいきます。
先ほど紹介した『よだかの星』を例にすると、次のようなイメージです。

よだかは、
実にみにくい鳥です。
顔は、
ところどころ、
味噌をつけたやうに
まだらで、
くちばしは、
ひらたくて、
耳まで
さけてゐます。
足は、
まるでよぼよぼで、

一間とも歩けません。
ほかの鳥は、もう、
よだかの顔を
見ただけでも、
いやになってしまふ
といふ工合でした。

ブロックに分けた後の文章はずいぶん読みやすくなったと思いませんか？
見て理解し、速く読めているような感覚をもった人もいるかもしれませんね。

くり返しになりますが、私たちには、文章をなぞり読みしようとするクセがあります。
トレーニングは、そのクセを矯正するために行うものです。

ここでは、1ブロック10文字を〝基準に〟見やすいように分けていますが、文字数にこだわる必要はありません。

文章を読むときは、ぜひブロック読みにチャレンジしてください。慣れないうちは、塊ごとに「／（スラッシュ）」を書き入れながら読んだり、単語単位で見ながら読む（助動詞・助動詞は飛ばす）などといったところから始めるといいでしょう。

「塊で読む」体感ができるだけではなく、速読のトレーニングとしても効果的です。

ブロック読みは、英語の速読にも活かすことができます。

仮に「英語の速読」を「後戻りせず、前から順に読むこと」と定義した場合、言葉の塊ごとにスラッシュを入れる読み方の練習は有効です。英語は、単語の区切りや文法が明確なこと、複数の単語を一度に見る場合でも接続詞や前置詞などスラッシュを入れるポイントが比較的判断しやすいことなど、日本語よりもブロック読みしやすい文章構造になっているためです。

日本語と英語は違う言語なので、言葉をぱっと見て理解するポイントに違いがあるのは確かです。しかし、日本語でトレーニングした速読の力が、応用次第で英語の速読に活かせるようになるのも確かなのです。

見る幅を広げるとはどういうことか？

ここで、「見る幅を広げる」について考えてみます。

この本のどこか1行の文章を見てください。そして、文章のある部分（たとえば、前ページ1行目の文章でいえば「チャレンジ」という部分）を中心に見てみます。そのうえで1行全体を見てみましょう。おそらく、見ている中心とその付近は、何が書いてあるか、きちんと認識できるでしょう。

一方、その前後にあるいくつかの文字はどうでしょうか？　何が書いてあるかわからないけれど、文字があることは何となくわかるのではないかと思います。

少し専門的な言葉を使いますが、このとき

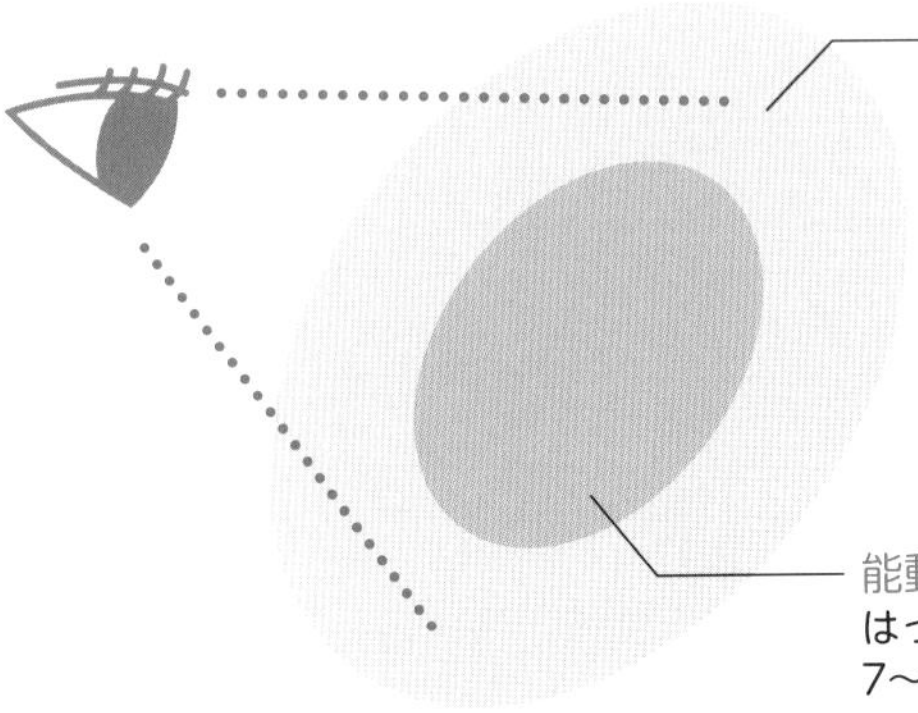
受動視野
認識している意識はないけれど、眼に入ってくる領域
能動視野
はっきり認識できる領域
7〜11 文字程度

受動視野と能動視野

の「何が書いてあるかわからないけれど、文字があることはわかる」視野の領域を受動視野と呼んでいます。受動視野のうち、「何が書いてあるかきちんとわかる」領域を能動視野と呼んでいます。

「見る幅」を広げるとは、これらの視野を広げることです。視野（最終的には能動視野）を広げ、見て理解できる文字数を増やしていくことがトレーニングのゴールです。

見る幅を広げるためのトレーニングを行うときは、特に受動視野を広げるように意識してみましょう。

いきなり能動視野を意識して、「しっかり認識しなきゃ」と意気込まなくても大丈夫。

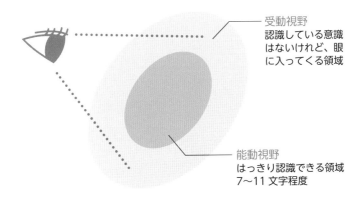

受動視野が広がれば、見ることができる幅が広がります。すると、受動視野の内側にある能動視野が広がるスペースが生まれます。

言い換えると、能動視野は受動視野の内側にあるため、受動視野が広がらなければ、能動視野がそれ以上広がることはありません。

トレーニングをする前の受動視野は大体20～25文字、能動視野は7～11文字程度です。まずは受動視野を3行（例：1行35文字の本の場合…35文字×3行=105文字）、能動視野を1行まで広げることを目標としましょう。

それがクリアできたら、受動視野を5行、能動視野を3行に広げることを目指してみてください。ここまでできたら十分速読マスターのレベルと考えていいでしょう。

電子書籍のほうが速読に向いている？

トレーニング方法に入る前に、先ほどご紹介した「見る幅」（視野）に関連して、速読と電子書籍について考えていきましょう。

読書好きの方は、少なからず興味をもっているであろう電子書籍。紙の本がいいか電子書籍のほうがいいかなどの議論もありますが、速読に関して言うと、基本的には紙のほうがストレスなく読み進めることができます。

その理由は、先ほど紹介した「受動視野」にあります。

速読が身につき、受動視野が広がっていくと、一度に目に入ってくる文字量が格段に増えていきます。紙の本の場合、先のほうに書かれている文章が受動視野に入ってくるので、

	メリット	向いている本や場面
電子書籍	・一画面に多くの文字が表示できる ・文字サイズを調整できる ・キーワード検索が使える	・文章量の多い書籍 ・課題図書など読む目的が明確になっているとき
紙の本	・先のほうに書かれている文章を受動視野に入れやすい ・アタリをつけて一気に目的のページに飛べる ・眼にかかる負担が少ない	・用語集など参照する頻度の高い書籍 ・図版やグラフの多い書籍

電子書籍と紙の本を特徴に合わせて使い分ける

何となく先読みできるような感覚がもてます。

しかし、電子書籍の場合、専用端末を使うと画面に表示されるのは原則1ページのみ。私自身は、先がわからず読みにくさを感じています。

そのため、私が電子書籍で読書をする場合は、ワイドモニターを活用しています。ワイドモニターで表示すると、多くの行数を一画面に表示でき、紙の本で見ているときと同じか、それ以上の文字を受動視野で先読みできるからです。

「なぞり読み」から「見て理解」に切り替えるトレーニング目的と考えた場合、文字サイズが小さくなるほど、なぞり読もうとするク

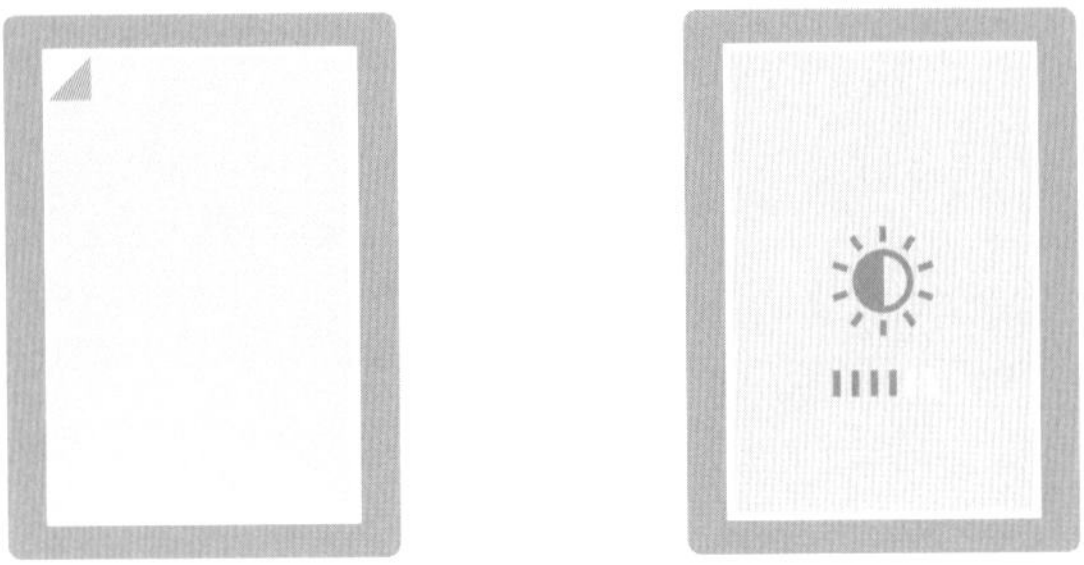

ブルーライトカットの
フィルムを貼る

画面の明るさを
通常より少し下げる

眼の負担を軽減する対策例

セが出やすくなるので、電子書籍で表示している文字のサイズを、初期表示よりも1～2回り大きくすることをオススメします。

ただし、電子書籍は紙の本と違い、モニター画面を見続けるため、眼の負担がどうしても大きくなります。眼に負担がかかり続けると集中力が落ちやすくなるので、眼が疲れない対策を施しておいたほうがいいでしょう。

紙の本、電子書籍どちらもメリット・デメリットはあります。それぞれの特徴に合わせて使い分けができると、書かれている情報をさらに活かせるようになるはずです。

基本のトレーニング３

視野拡大トレーニング

ここでは見る幅を広げるためのトレーニングを紹介します。まずは基本の視野拡大トレーニングです。

トレーニングの手順

STEP1 トレーニングシートを準備する

はじめに１０４ページのトレーニングシートを準備します。眼筋トレーニングと同じように、Ａ４サイズに拡大コピーして使用します。紙が小さいと、意識しなくても全体が見えてしまうので、トレーニングの効果が出ません。なるべく大きいサイズで取り組んでください。

STEP2 トレーニングシートを眼から15～

20センチの位置にもってくる

トレーニングシートを準備したら、眼から15～20センチの位置にもってきます。眼との間隔が離れると、すべての四角形が一度に見えてしまうためトレーニング効果が薄れます。受動視野に入るかどうかという距離感がベストです。

STEP3 小さい四角形→大きな四角形を順に見ていく

まずは、一番内側の四角形を見ます。そして、次にそのひとつ外側の四角形、さらにひとつ外側の四角形……といった具合で、小さい四角形から大きい四角形を順にひとつずつ見ていきます。一番外側の四角形を見終わったら、もう一度、一番内側の四角形から順にくり返し見ていきます。

一つひとつの四角形は、0・5秒間隔で見ていきます。そして、トレーニングの合計時間の目安は、90～180秒。一般的には、180秒を基準に取り組んでいきますが、正確な時間にこだわらなくても大丈夫です。

- トレーニングシートはＡ４サイズに拡大コピーする（小さすぎるのはNG）
- 眼の位置から15～20センチ離す
- 一番内側の四角形から、ひとつずつ外側の四角形に目線を移動していく
- 一つひとつの四角形を0.5秒のスピードで見る
- 目標時間は90～180秒

視野拡大トレーニングの注意点

視野拡大トレーニングシート

いつでも
トレーニング5

高速間違い探しトレーニング

ここからは「基本のトレーニング」を日常生活の中に取り入れたトレーニング例を紹介します。

注意点は、前のページまでで解説したことと同じです。どういう感覚だったかを思い出しながら、取り組んでいきましょう。

まず紹介するのは、「間違い探し」を使ったトレーニングです。新聞や雑誌などにある「間違い探しゲーム」。一度は挑戦したことがあるのではないでしょうか？

2枚の絵があり、何カ所かだけ違うところがある、間違いを探すというものです。どこが間違っているか探す場合、多くの方は、左上からZ字をなぞるように目線を動かしてい

図の中心に視点を合わせる　　四隅に視点を合わせるように全体を見る

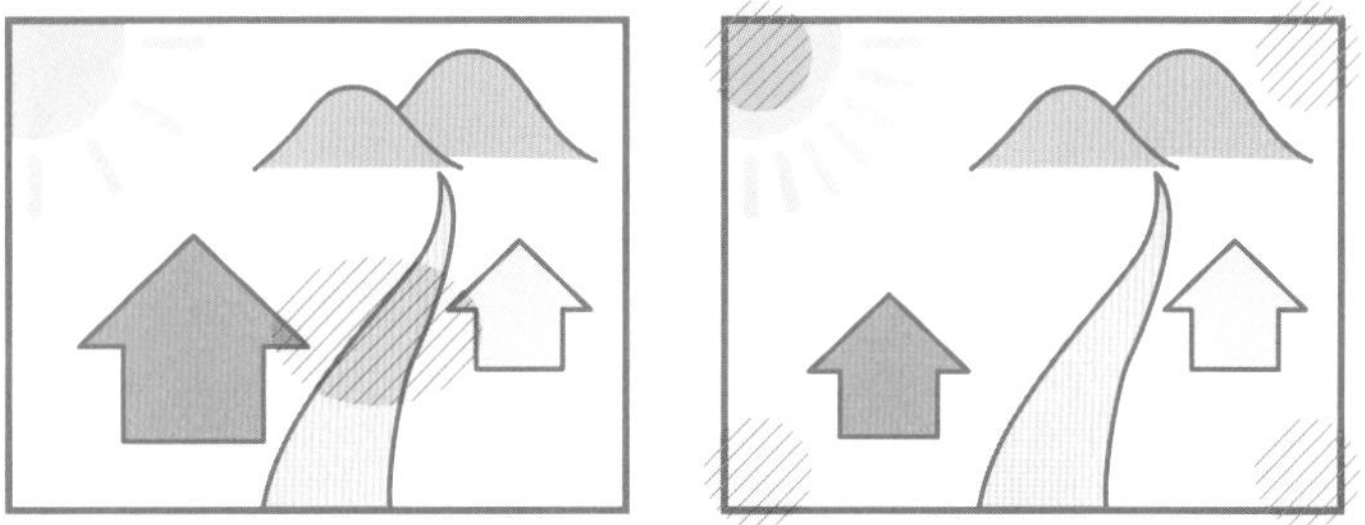

「全体をぱっと見る」とは…

ます。

しかし、速読トレーニングでは、全体をぱっと見るように探します。

たとえば、図の中心に視点を合わせながら全体を見る、図の四隅を見るような感覚で全体を見るのもいいでしょう。そうした状態で、違和感のあるところを探します。

また、制限時間の設定も欠かせません。時間を区切って、より速くすべての間違いを見つけるようにしましょう。

目安時間が記載されている場合は、その3分の1程度を目標にします。

高速間違い探しトレーニング

■準備するもの

□ 間違い探しのゲーム（雑誌の懸賞などでも可）
＊競い合う相手がいるとさらにいい

■目標時間

□ 目標がある場合・・・目標の３分の１
□ 目標がない場合・・・１秒でも速く

■トレーニングの手順

❶ 間違い探しの図を見る

❷ １秒でも速く、違っている場所を見つける

■トレーニングの注意点

□ なぞるような目線の動かし方にならないように注意
□ なるべく速く見つけられるように

■効果

□ 目線の動きがスムーズになる
□ 眼のストレスから解放される
□ 視野が広がる

いつでも
トレーニング6

チラシ見比べトレーニング

次のトレーニングは、チラシを使ったものです。

チラシを2枚並べて、ある商品（たとえば牛乳）の価格はどちらが安いか、2枚のチラシの全体をぱっと見比べます。慣れてきたら3枚、4枚とチラシの枚数を増やして、より広い範囲を見てみましょう。

このトレーニングで大切なのは、全体をぱっと見て内容を認識するイメージで取り組むことです。「まだそんなに視野が広くない……」という方は、チラシを折って、半分ずつ（上下・左右）、もしくは4分割ずつ（右上、右下、左下、左上）見ていきましょう。

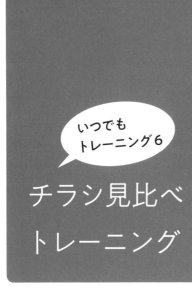

チラシ見比べトレーニング

■準備するもの

□スーパーのチラシ（2枚以上）
＊比較できるもの

■目標時間

□ 1枚あたり1秒以内

■トレーニングの手順

1. チラシを2枚以上並べる
2. 探す品目を決める
3. 見比べているチラシのうち最安値を探す

■トレーニングの注意点

□なぞるような目線の動かし方にならないように注意する（全体をぱっと見るように）
□なるべく速く見つける

■効果

□視野が広がる

いつでも
トレーニング7

新聞1行読みトレーニング

次は新聞を使ったトレーニングです。

「見る幅（視野）を広げる」ためには、「塊で読む」ことが大切でした。そこで、新聞を使って、塊で読む練習をしてみましょう。

紙面によっても変わりますが、新聞の1行分は、大体11〜14文字ほど。トレーニングしていない人でも、塊で見て理解できる文字数です。

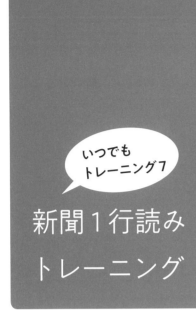

いつもはなぞり読みをしている記事を、1行単位の文字の塊で見ながら読み進めていきます。すると、文章をブロック単位で見る感覚がつかめるでしょう。

今は新聞をとってない方がいらっしゃるかもしれません。その場合はスマートフォンの

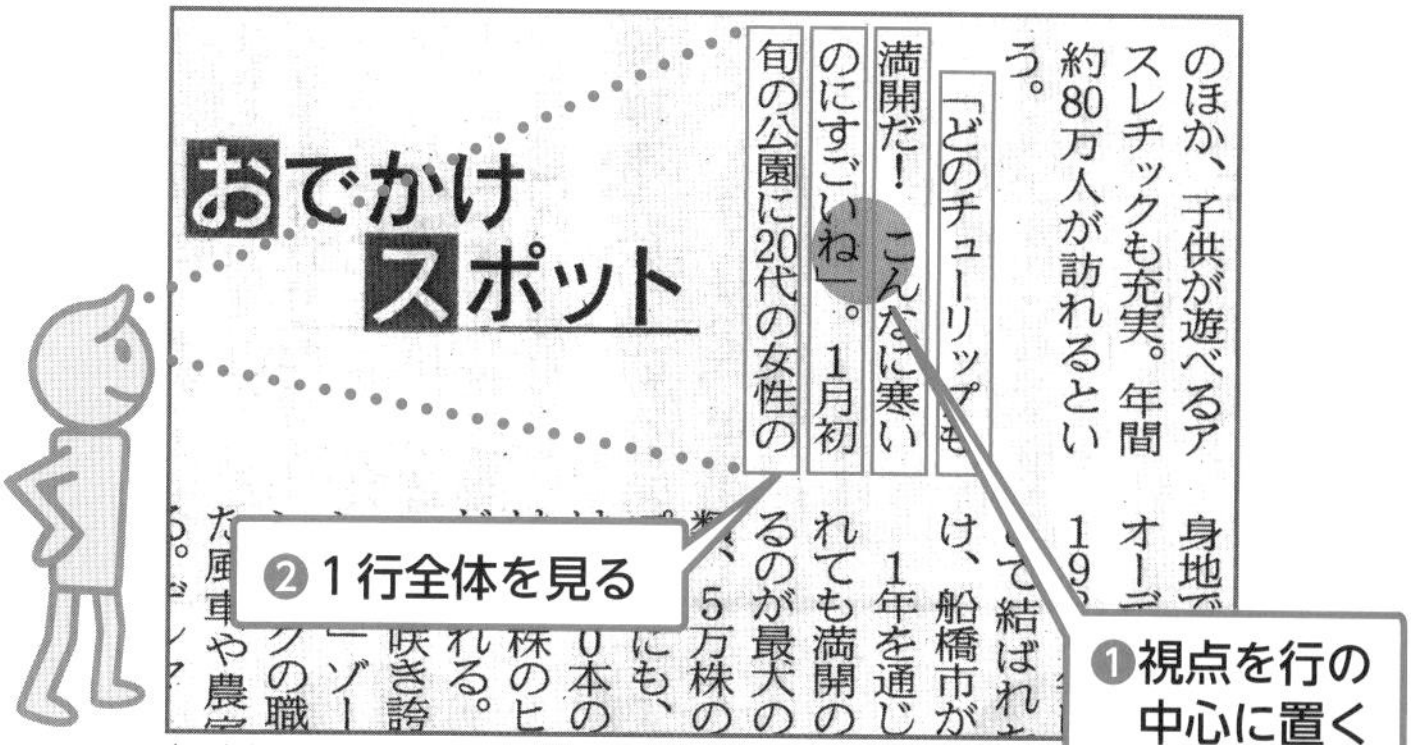

（日本経済新聞夕刊2020/1/31）

新聞を塊で読んでみよう

ニュース記事で代替しましょう。

スマートフォンに対応したサイトやニュースアプリでは、機種にもよりますが1行に25文字前後で表示される場合が多いです。

1行を半分ずつ、左右2ブロックに分けて見ると、1ブロック11～14文字で見ていくことが可能になります。

スマートフォンに最適化された文章は、元々「読む」より「見て理解」しやすい傾向があります。「読む→見る」を切り替える感覚をつかむ意味ではこちらのほうが適しているかもしれません。しかしネットニュースは基本、横書きです。書籍で「読む→見る」の切り替えを練習することを考えると、縦書きの新聞を活用するほうがいいでしょう。

新聞1行読みトレーニング

■準備するもの

□新聞

■目標時間

□60～90秒

■トレーニングの手順

● 視点を行の中心に置き、1行全体を見て認識しながら新聞を読み進める
(縦書き記事の場合、目線の動きが横に動くようなイメージで読み進める)

■トレーニングの注意点

□1行の文字数が少ない記事から始めるとムリなく進められる

□内容の理解よりも目線の動かし方に意識を向ける

■効果

□文字を塊で見る感覚がつかめる

いつでもトレーニング8

誤字脱字チェックトレーニング

次は、仕事の中でできるトレーニングです。たとえば、作成した書類・文書の誤字脱字チェックは、見る幅を広げるトレーニングに最適です。

先ほど「高速間違い探し」を紹介しましたが、やり方は全く同じです。誤字脱字を探す際、「なぞり読み」の目線の動かし方はやめましょう。ある部分（1ページ全体または半分ずつ、4分の1ずつ）の全体を見るようにします。ここでは、なるべく広く見る意識をもって取り組むことが大切です。

最初からすべての誤字脱字が探せなくても全く問題ありません。このトレーニングは、「高速」を意識することが大切です。完璧主義は禁物ですよ。

誤字脱字チェックトレーニング

■準備するもの

□ 確認、チェックが必要な文書・書類

■目標時間

□ 1ページあたり5～10秒

■トレーニングの手順

● 文書の誤字脱字を可能な限り速く見つける

＊1ページ、半ページ、4分の1ページなど、一定の部分の全体をぱっと見るように取り組む

■トレーニングの注意点

□ 誤字脱字を見逃したとしても気にしない（トレーニングだと割り切る）

□ 時間を計測して、時間に迫られる緊張感の中で取り組むとより効果的

■効果

□ 文字の認識幅が広がる

コラム

呼吸法は速読トレーニングに必要か?

「速読トレーニングで呼吸法はやらないんですか?」と聞かれることがあります。私も最初は本で速読を学びましたが(挫折しました……)、最初に書かれていたトレーニング法は丹田呼吸法でした。また、速読本を出版するときに、編集者の方からも度々このような質問をされることがあるので、速読トレーニングに呼吸法が含まれると思っている人は多いのかもしれません。

結論から言えば、呼吸法を速読トレーニングに活用することはできますが、必須ではないと私は考えています。それは、私が速読トレーニングを始めてから日本一になるまでの間で、呼吸法は一切教わってもいないし、実践もしていなかったという自身の経験が大きな理由です。

また呼吸法は、ひとりで習得するのが難しいものです。私自身も過去、速読本で丹田呼吸法のやり方を見て実践したとき、「丹田の位置は本当にここでいいのか?」「本当にこれで丹田に呼吸が落ちていると判断していいのか?」など、自分自身で判断するのがかなり難しくて挫折しました……。

しかし、呼吸法をマスターすることで、リラックスした状態がつくれるようになると、速読はやりやすくなります。簡単に言ってしまえば、頭がスッキリして脳の回転が上がるのです。

そのため、たとえば武道やヨガなどを習った経験のある方で、丹田呼吸法や腹式呼吸のやり方がわかる場合は、速読トレーニング前に実践すると効果をより高めることができるでしょう。

第2部
実践編

トレーニングで
速読力を高めよう！

第5章　速読トレーニング③　瞬間認識力

読むスピードに合った認識力を身につけよう

第3章・第4章では、速読力の最初のふたつ「目線移動をスムーズにする」「一度に多くの文字を見る」のために必要なトレーニングをしてきました。

この章では、「高速でも文字を認識できる」ためのトレーニングに取り組みます。

目線の動きがスムーズになり、見る幅が広がってくると、読書スピードは格段に上がります。

見る幅が広がるほど、目線の動き自体が小さくなるので（28ページの図を参照）、より瞬間的に多くの文字を認識することが求められるのです。ですので、ここでは**速いスピードに耐えられる認識力**を鍛えていきます。

瞬間認識力の4つのレベル

瞬間的に認識する力（瞬間認識力）とは、一瞬の間にどれだけの情報を認識できるかということです。あくまで認識なので、理解したり、記憶したりすることとは関係ありません。

たとえば「パスタランチ」という文字を見て、「カタカナの文字があった」とか「6文字あった」、もう少し深くなると「パスタランチのイメージが一瞬思い浮かぶ」といった感覚です。

なお、ひとくちに認識といっても、さまざまなレベルがあります。

簡単な順から、文字が多く書かれているか、数字記号が多く書かれているかがわかるレベル、過去に見たことがある文章か認識できるレベル、知っている言葉と知らない言葉を分けて認識できるレベル、言葉や文章の意味が認識できるレベルという順序でレベルアップしていきます。

ここでは、認識力全体を鍛えていきますが、まずは、〝より低い〟レベルでの認識力から高めていく意識でトレーニングを行ってください。

より速く読むほど、言葉の意味がわかるレベルでの認識は難しくなります。

しかし、この章でやることは実際の読書ではなく、トレーニングです。瞬間認識力を鍛えるトレーニングなのに、たとえば「内容が理解できない……」と悩んで、見るスピードを下げてしまうのは本末転倒です。トレーニングはトレーニングと割り切り、ムリせず、続けられる範囲で取り組みましょう。

なお、「瞬間認識力」は第6章で紹介する内容と深く関連しています。第6章を読んだ後に読み直すと、以下で紹介するトレーニングのコツがより深く理解できるはずです。

Level 4

言葉や文章の意味が
認識できる

Level 3

知っている言葉と
知らない言葉を
分けて認識できる

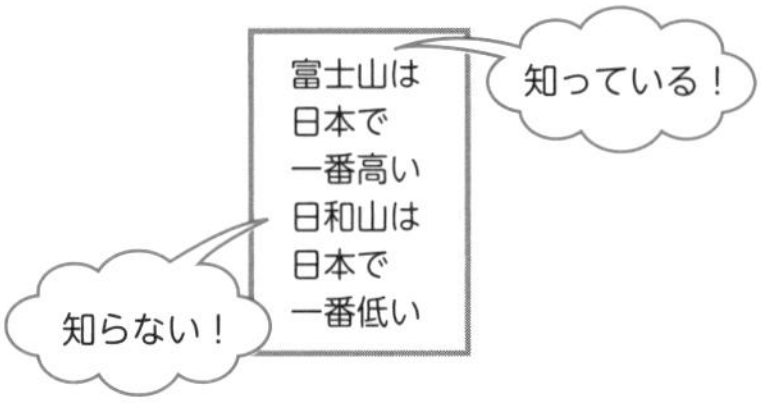

Level 2

見たことがある文章か
認識できる

Level 1

文字が多く書かれているか
数字記号が多く
書かれているかがわかる

認識の４つのレベル

基本のトレーニング4

高速ページめくり

速読力の最後の要素、瞬間認識力を鍛えていきましょう。

まずは、基本的なトレーニングの「高速ページめくり」です。

トレーニングの手順

STEP1 本を準備する（縦書きの新書）

縦書きのソフトカバーの本を準備します。もちろん、本書を使っても大丈夫ですが、もう少し小さめの本（新書サイズ）のほうが使いやすいでしょう。

このトレーニングでは本に負荷がかかるので、立ち読みや図書館の本でやることは絶対にやめてください。

使う本は、自分が知っている分野のものが

理想的です。「なじみのある分野が特にない」など、本を選べずに悩まれた場合は小説から選びます。理由は、イメージしやすい言葉が多く使われているためです。小説は、場面の情景がありありと想像できるような言葉で書かれていますし、自分の好きな分野の本であれば、ふだんからよく接している言葉が多く使われていて、そこに何が書いてあるのかイメージしやすいでしょう。

イメージしやすい言葉が多く使われている本を使うと、イメージ脳活性にも役立ちます。イメージ脳活性について、詳しくは第6章で説明します。

STEP2 本を読む体勢になる

場所は、どこでも結構です（ただし、静かすぎるところで取り組むのはオススメしません）。

本の下側の角を右の手のひらに乗せます。そして、親指と人差し指で表紙を支えながら、片手で本をもちます。

片手で本をもつ

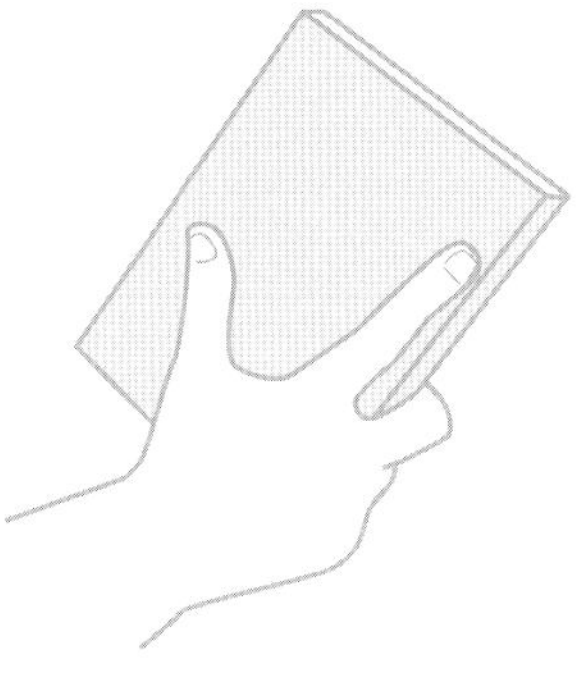

STEP3 ページをめくる（高速）

読む体勢がとれたら、いよいよページをめくっていきます。

左手の親指をページに添えて、右手の手首を返すようにしていきます。まずは、一冊を1～2秒程度と、高速でくり返しページをめくりながら、パラパラと最初から最後のページまで眺めます。60秒前後を目安にくり返し行いましょう。

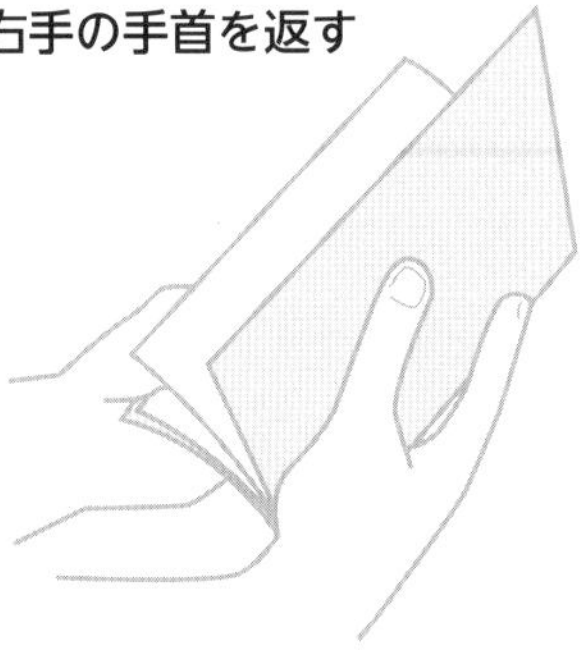

右手の手首を返す

STEP4 ページをめくる（徐々に低速に）

次は一冊4秒を目安に取り組みます。これも60秒前後くり返したら、今度は一冊8秒くらいのスピードで60秒間続けます。最後に1ページあたり0・5秒程度のスピードで、1ページずつめくっていきます（見開きを1秒で見ていくペースです）。ページ1枚1枚をぱっと見ながら、一冊すべてのページを見切ります。

はじめ一冊を1～2秒で読む段階では、ほとんど言葉は見えない（認識できない）でしょう。それは当然です。しかし、「1文字でも多く認識するぞ」という気持ちで取り組むことが大切です。

ちなみに、このトレーニング（特に2～4秒のスピードで読む様子）を見て、これが速読だと勘違いしている人が多いようです。でも、これはあくまでもトレーニング。**何が書いてあるか理解できるスピードではありませんし、理解できるスピードではトレーニングにならないのです。**

それからもうひとつ。「高速ページめくり」は、練習しないとうまくいかないかもしれません。はじめのうちは、本の中心付近まで見開けないことが多く、1ページ1ページを見ることが難しいようです。

ただし、そこまで厳密に考える必要はありません。「高速で文字を見る」感覚をつかめれば十分です。

OK! 本の中心が見える

NG 本の中心が見えない

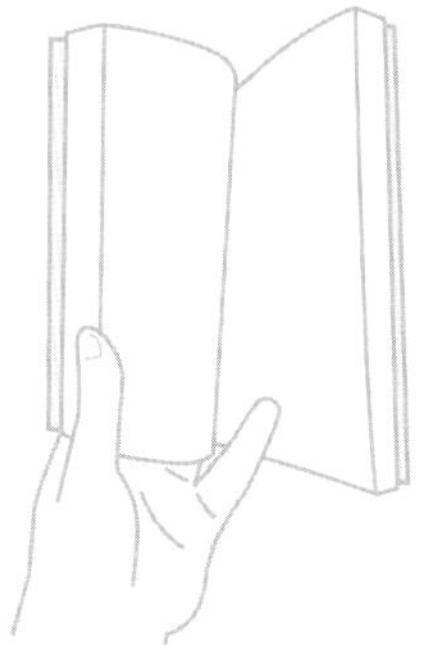

いつでも
トレーニング9

動画倍速再生トレーニング

高速で見るものは、文字だけに限定する必要はありません。

「YouTube動画を一気にチェックしたい」「忙しくて、テレビ番組の録画がたまってしまった」という経験はないでしょうか？

もちろん、ふつうに動画を見てもいいのですが、動画を1・5倍速など通常よりも速い速度で見てみませんか？

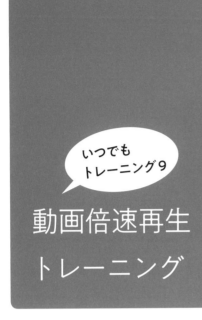

たったこれだけで、高速領域での認識力向上につながります。

YouTubeなどの動画サイトの中には、2倍速、3倍速で再生できる機能があるものもあります。これを使って、より速い速度で見るほど、より高速での認識力を鍛えることができるのです。

1・5倍速程度のスピードであれば、意外と簡単に、ふつうに見るのと変わらないレベルで内容を把握できるようになります。

ただし、このトレーニングで使う動画として、たとえば漫才などのように会話の〝間〟が重要になるようなコンテンツは不向きです。ニュースや教養番組、講義動画などで実践してください。

瞬間認識力を高めながら、見たかった番組を見て、さらに視聴時間も短縮できる。一石二鳥ならぬ、一石三鳥のトレーニングですね。

なお、トレーニング目的の主旨からは少し外れますが、このトレーニングを音声教材や音声読書で取り組むのもいいでしょう。たとえば通勤中にスマートフォンなどで動画視聴するのは大変だと思います。そのときは音声を倍速で聞くのもオススメです。

瞬間認識力を鍛えることにはなりませんが、頭の回転を上げることにつながります。間接的ですがそれが速読にいい影響を与えるのです。頭の回転を上げることの詳細は第6章で説明しますが、トレーニングは日常生活に取り入れやすいものを優先していきましょう。

動画倍速再生トレーニング

■準備するもの

□倍速再生が可能な動画

＊標準再生時間で 15 分以上のものがいい

■目標時間

□10 分以上

＊動画の再生時間による

■トレーニングの手順

● 1.5 ～ 4 倍速で動画を視聴する

＊動画再生プレイヤーの仕様によって倍速再生できるスピードが異なるため、倍速再生可能なスピードで可

■トレーニングの注意点

□なるべく速いスピードで見る

□倍速再生で最低でも 10 分以上は続けて見る

■効果

□認識力アップにつながる

□脳活性の効果がある

＊詳しくは第 6 章で解説します

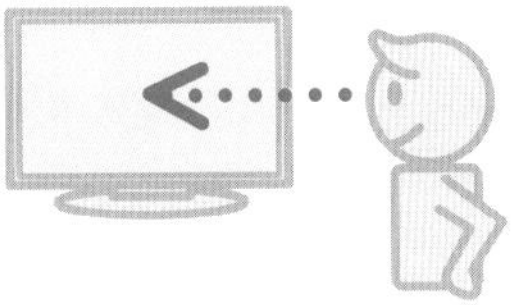

いつでもトレーニング10

高速スクロールトレーニング

前ページで紹介したのは、動画を使ったトレーニングでしたが、次はパソコンを使ったトレーニングです。

このトレーニングに必要なのは、インターネット回線につないであるパソコンだけです。特別なソフトは必要ありません。

「高速スクロール」は、インターネットで検索をするときにできるトレーニングです。やり方は簡単です。

何かを検索したとき、検索結果や該当ホームページを、ふだんより速めのスピード（いつもよりもワンテンポ速いくらいの感覚、1・2〜1・5倍程度）でスクロールさせながら見ていきます。

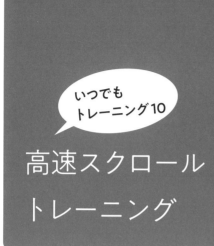

いつもより速いスピードで見ていくと、高速で流れる文字を瞬間的に捉えようとし、瞬間認識力を高めるトレーニングにつながります。

自動スクロール機能を使うのも、ひとつの手段です。

もし、速度を設定できるのであれば、ふつうよりも速く設定することで、トレーニング効果が高まります。

続けていくうちに、徐々に単語レベルで認識できる文字が増えていきます。そのレベルになると、インターネット検索をするときも、自分にとって必要な情報があるサイトか、より速く判断できるようになるでしょう。

また、電子書籍を読むとき、「連続スクロール」機能が使える書籍については、この機能を活用しましょう。「連続スクロール」機能を使うと、パソコンでホームページを見るのと同じく、スクロールさせながら文章を見ていくことが可能になります。

この機能が使えない書籍では、スワイプやタップするスピードを上げて読みましょう。

高速スクロールトレーニング

■準備するもの

□説明・解説が書かれているインターネット上のホームページ（または電子書籍）

■目標時間

□60～90秒

■トレーニングの手順

● ふだんよりも速いスピードで情報を見る

＊いつものスクロールよりもワンテンポ速いスピード（1.2～1.5倍）

＊タブレット端末で電子書籍を読む場合は「連続スクロール機能」を使うかスワイプするスピードを速くする

■トレーニングの注意点

□内容を覚えよう、理解しようと思わない

□文字を見たら、すぐに次を見るイメージで取り組む

■効果

□瞬間的に認識できる文字が増える

□脳活性の効果がある

いつでも
トレーニング11

メールチェック
タイムトライアル

次は、「メール」を使ったトレーニングです。

先ほど紹介した、高速スクロールトレーニングのように、メール確認時も高速で文字を見るようにします。

メールは、基本的にはすべて文字で書かれています。文字を高速で認識するトレーニングにピッタリです。

まずは、メールを高速でスクロールさせます。

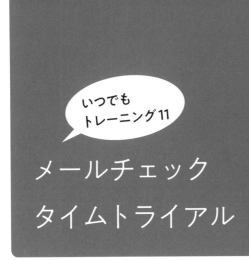

文字を認識できたら、次の文字に目線を移す――これを時間にして、0・5秒単位で読み進めます。

内容を覚えたり、理解する必要はありません。感覚的な言葉ですが、「流し読み」を意識するといいでしょう。

ほんの数秒の時間投資が速く読む力を上げることにつながります。

内容把握の面で言えば、数秒のトレーニングを挟むだけで、むしろ理解力が上がることも考えられます。

これは、「プライミング効果」という、先に与えられた刺激によって、その後の行動や意思決定が無意識に行われる効果が働いているためです。

たとえば「○速」という言葉を見たとき、○に入る文字をぱっと思い浮かべてみてください。おそらく本書を読んでいる方はここまでの間で何度も「高速」という言葉を見てきたはずなので、「高（高速）」や「最（最速）」などの文字が思い浮かぶと思います。

メールを読む前の数秒のトレーニングが先行刺激になり、ふつうに読んだときに、文章がどういう内容なのか、方向感を無意識レベルでキャッチすることで、結果的には最初からじっくり読むよりも速くメールチェックが終わるようになるのです。読み切った感がある状態で再度読んでいくと、精神的な余裕も生まれます。

ひとくちにメールチェックといっても、何が書かれているのか、そもそも自分にとって必要な情報があるのか、相談事項なのか連絡事項なのか、前向きな内容か批判的な内容か、要点はどういうことか……と、求められる認識のレベルはさまざまです。

トレーニング目的でメールを見るときは、「絶対に要点をつかもう」などと力みすぎないでください。高速で文字を見ることを優先します。

数回見直して内容を把握できれば問題ないと思って、気楽に取り組みましょう。

メールチェックタイムトライアル

■準備するもの

□ メールの文章
＊仕事上のメールでもいいが、メルマガなどのほうが気楽に取り組めてオススメ

■目標時間

□ 1通10～20秒
＊文章の長さによる

■トレーニングの手順

❶ 流し読み感覚で速いスピードで見る

❷ メールが自分にとって重要なのか、そうではないかを認識する

❸ スピードを下げて、「メールの主旨（依頼なのか連絡なのかなど）」「具体的な内容」を認識する

■トレーニングの注意点

□ より速く終わらせるつもりで取り組む

■効果

□ 瞬間認識力が高まる
□ 脳活性の効果がある

いつでもトレーニング12

フラッシュリーディング

次は本を使った応用トレーニングです。

「速読ができる」とは「読んで理解から、見て理解に切り替えができる」ことになりますが、特に速読を始めたばかりのころは、文章になると見て理解する感覚がわかりづらい……となりがちです。

そんなときにオススメしているトレーニング方法が「フラッシュリーディング」です。これは文章を見て、キーワードだけをぱっと抜き出し、それらの言葉からひとつのイメージを思い描くというものです。

たとえば、太宰治の『故郷』に次のような文章があります。

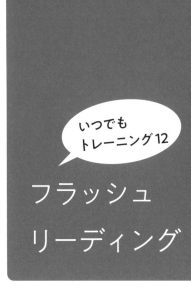

廊下を歩いて洋室に行った。洋室は寒く、がらんとしていた。
白い壁に罌粟の花の油絵と裸婦の油絵がかけられている。

この文章をぱっと見て、キーワードを拾います。

廊下、洋室、寒い、白い壁、油絵

これらのキーワードからひとつの情景を頭の中でイメージしていくのです。白い壁の洋室で、油絵が飾ってある……と想像していくと、どういう場面かは何となく思い浮かべられると思います。

ふだんからよく触れる言葉が多く使われている本を使ってフラッシュリーディングをやると、キーワードを抽出して、複数の言葉からひとつのイメージをつくりだすまでの流れがスムーズになります。場合によっては、フラッシュリーディングだけでもある程度内容を理解できることもあるでしょう。

なじみのある分野の本を読むときには、一回目にまずフラッシュリーディングをやって何となくのイメージを思い浮かべておき、二回目に読むとき、思い浮かべたイメージをもとにふつうの読書速度で読み進めると、トレーニングを兼ねつつ、文章理解を深めやすくなるので、一石二鳥です。

ただ、あくまでもフラッシュリーディングはトレーニングです。このトレーニングの重要なポイントは高速で文字を見て理解する感覚をつかむことにあります。このトレーニングで文章理解までできるわけではないので注意してください。

最後に、フラッシュリーディングをやりやすくするコツをひとつ紹介しておきます。文章をぱっと見るとき、「漢字」に着目するとキーワードが拾いやすくなります。

ただし、これも注意が必要です。キーワードをつなげることができると、それで文章を理解できた気になりがちですが、丁寧に文章を見ていくと、そのつながりが誤っている場合がよくあるのです。助詞や接続詞など、キーワード同士をつなぐ文字はひらがなである場合が多いからです。トレーニングと読書を混同しないように気をつけましょう。

フラッシュリーディング

■準備するもの

□なじみのある分野の本やメール

■トレーニングの手順

❶ 文章をぱっと見る

❷ キーワードを拾う

❸ キーワードから情景や図解を頭の中でイメージする

■トレーニングの注意点

□イメージ脳を使う意識をもつ

■効果

□見て理解する感覚がわかる

コラム

速読をすれば頭がよくなる?

時々「速読トレーニングは脳トレにもなるのか?」というご質問をいただきます。

結論から言えば、「脳トレになる」と私は考えています。トレーニング型の速読は「頭の回転を上げて、文字を読むスピードを上げる」という一面があるからです。過去に北海道大学で、速読トレーニングの経験者と未経験者それぞれに文章を読んでもらったときの脳の活性部分を測定する実験を行ったところ、速読トレーニングの経験者のみ脳の右側(右脳と呼ばれる領域)が活性化していたそうです(『右脳速読　本は読むな! 見ろ!』より)。

「だとすると速読トレーニングではなくても脳トレで頭の回転を上げた後に文章を読めば速く読めるのでは?」と考える方がいらっしゃるかもしれません。

しかし、速読トレーニングが脳トレにもなるからといって、脳トレだけで速く読めるようになるかと言われると、必ずしもそうはならない場合があります。

脳トレは純粋に頭の回転を上げることが目的ですが、速読トレーニングは〝文字を〟速く読む(見る)ことが目的です。そのため、最終的に〝文字を〟速く読む(見る)要素が絡む脳トレであれば速読トレーニングとしても有効となるのです。

速読を意識しながら脳トレ問題を選ぶことができれば、速読トレーニングとしても十分に機能すると考えています。脳トレに関する教材は数多くあるので、そこから速読トレーニングにつながられそうで、かつ楽しそうなものがあれば、積極的に活用するといいでしょう。

第3部

応用編

さらなる
レベルアップを
目指そう！

第6章

読書速度の限界を突破し、理解力を上げる
イメージ脳活性法

停滞期を乗り越えるコツとは？

トレーニングを始めたばかりのころは、取り組めば取り組んだだけ読書の速度が伸びていきますが、ある程度まで伸びると停滞期に入ることがあります。

停滞期がどこで訪れるかは個人差が大きいです。1分間に5000〜7000文字の読書速度で停滞し始める人もいますし、1分間に3000文字前後の読書速度で伸び悩む人もいます。

とにかく、誰でも伸び悩みの壁にぶつかることはあるのです。

停滞期を乗り越えるコツは、次の3つ。

ひとつめは、違うトレーニングを考えてみ

ることです。

毎日同じトレーニングでは、やはり飽きてしまいます。停滞期で伸びない読書速度の数字を見続けていたらなおさらでしょう。第3～5章でさまざまなトレーニング方法を紹介しましたが、これらはほんの一例です。

あくまでも目的は「高速で見る」、「幅広く見る」の要素を含むトレーニングをやることです。その手段はある意味で無限大に存在します。

まずは本書で紹介しているトレーニングから取り組んでいただいて構いません。ただ、停滞期に入ったら自分なりに考えたトレーニングを取り入れてみるといいでしょう。

ふたつめは、速読を始めようと思った目的を決して見失わないことです。第1部でくり返しお伝えしましたが、速読はスピードを誰かと競い合うのが目的ではなく、なんらかの目的を達成するためのツールのひとつに過ぎません。

もっと勉強したい、仕事で必要な情報を素早く理解したい、たくさんの本を読んで人生をより豊かなものにしたい……目的は一人ひとり異なるはず。

トレーニングを続けていれば、停滞期はいずれ抜けられます。それまでモチベーションが落ちないように、まずは今までより本を多く読み、目的達成に近づくことに目を向けてみましょう。

3つめは、「イメージ脳を活性化させる意識をもつこと」です。

……と言っても、よくわからないと首を傾げる方がほとんどだと思います。そこで、速読の壁を乗り越え、上達するために役立つイメージ脳を活性化させる方法について、以下のページでは順を追って解説していきます。

イメージ脳を活性化させるとはどういうことか？

まず、「イメージ脳」という用語について簡単に説明しておきます。

ここでは、イメージを処理する脳のことを「イメージ脳」と言います。

脳の右側を右脳、左側を左脳と呼ぶことは、多くの人が一度は聞いたことがあるでしょう。

一般的に、イメージ処理は右脳優位、論理的な処理は左脳優位で行われると言われています。イメージ脳を使うことは、右脳優位で行われているのです。

では、イメージ脳を使うとはどういうことかを考えてみましょう。

たとえばレストランのメニュー表で「パスタランチ」という言葉を見たときに、ほとんどの方は言葉の意味ではなく、「パスタとサラダとスープのセット」などの〝イメージ〟を反射的に思い浮かべると思います。

このとき、

「文字を見る」→「見た文字からイメージをつくりだす」

という流れで、文字を「見て理解」しています。

見て理解する読み方に切り替えると、イメージ脳を使うことになるのです。

しかし、イメージ脳をフル活用できている人は多くありません。その理由について、右脳と左脳の違いから考えてみます。

右脳と左脳は、現れているレベルに差があると言われています。

右脳は無意識領域、左脳は意識領域を司っており、この関係はよく氷山の一角にたとえられます。海中に沈んでいる領域が無意識領域、海面上に現れている領域が意識領域です。

右脳と左脳の役割

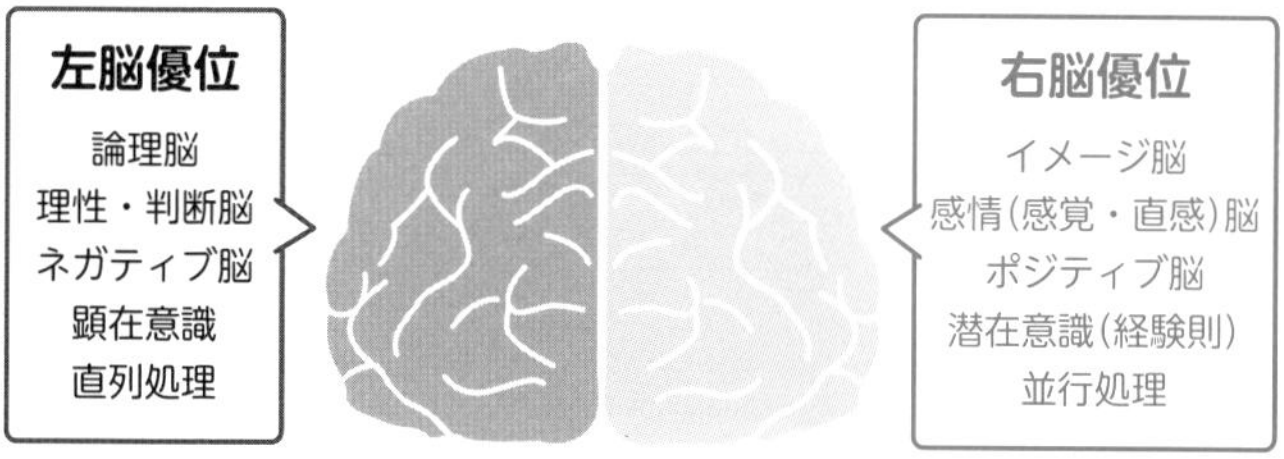

意識レベルの違い

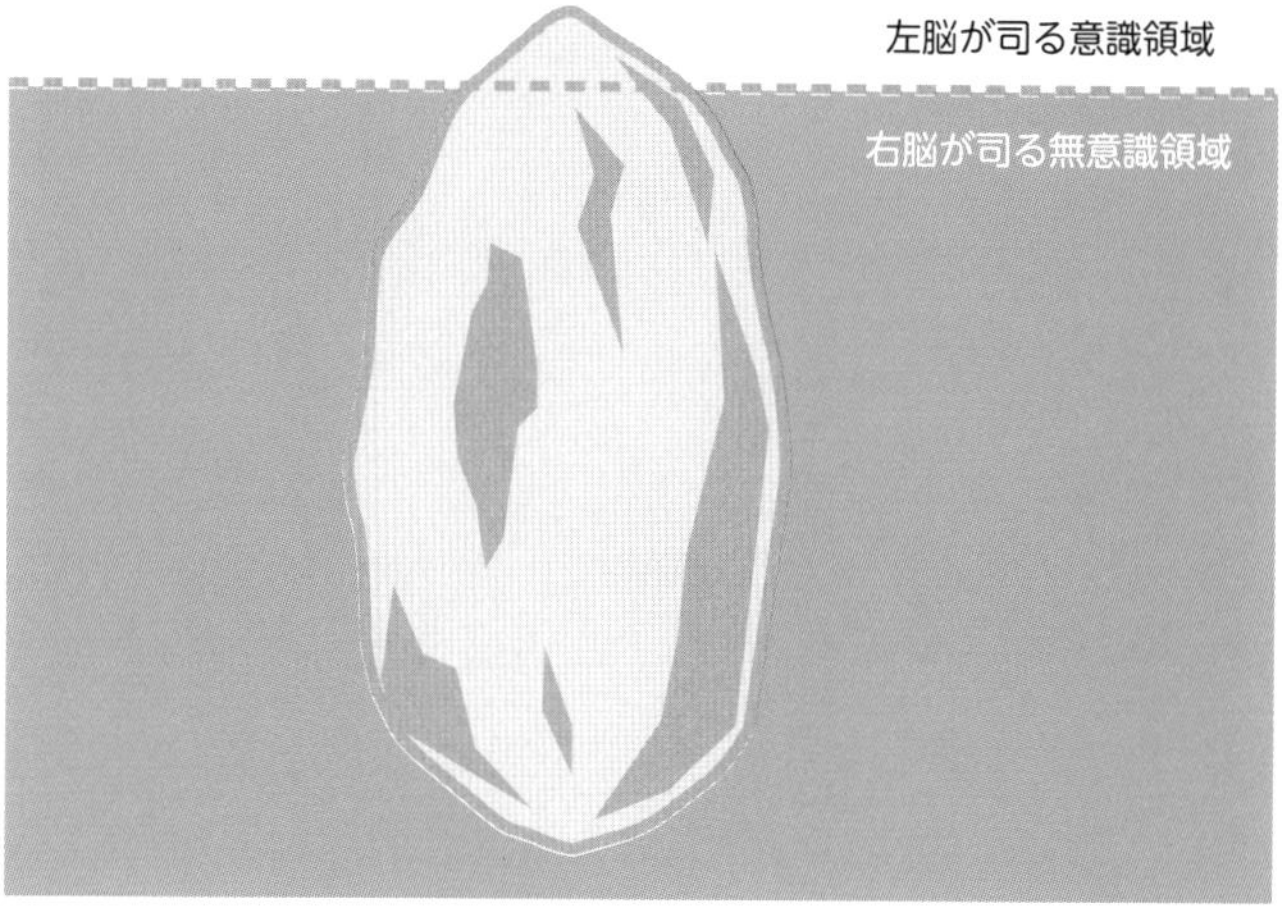

イメージ脳と論理脳――右脳と左脳の違い

物事を論理的に判断する行為は、意識領域で行われています。私たちは、日々、「賞味期限が切れた食べ物は食べないようにする」「車外に投げ出されないようにシートベルトをつける」などと判断しながら、危険を回避しています。

これはつまり、左脳を主体に使っていると考えることができます。図を見てもわかる通り、私たちは脳のわずかな領域の力しか使わずに日常生活を送っています。

それに対して、右脳が優位にはたらくイメージ脳は、あまり使われていません。

「イメージ脳を活性化させる」とは、ふだんは使っていない、潜在的な力を引き出すこととも考えられるのです。

また後述しますが、イメージ脳を活性化させることは速読力を高めるだけではなく、記憶定着や理解力アップにおいてもとても重要となります。

イメージ脳活性の
ヒントは脳の
「可塑性」と「汎化」

イメージ脳を活性化するにはどうすればいいのでしょうか？

先に結論を言うと、「高速で文字を見る」と「幅広く見る」――このふたつに意識を置きながらトレーニングを行うことがイメージ脳の活性化につながります。

「高速で文字を見る」は、第3章・第5章で紹介した目線の動きを速くするトレーニングや瞬間認識力を鍛えるトレーニングで、「幅広く見る」は、第4章で紹介した文字を見る幅を広げるトレーニングをするときに意識しましょう。何となくやるのではなく、「意識を向けること」が大切なのです。

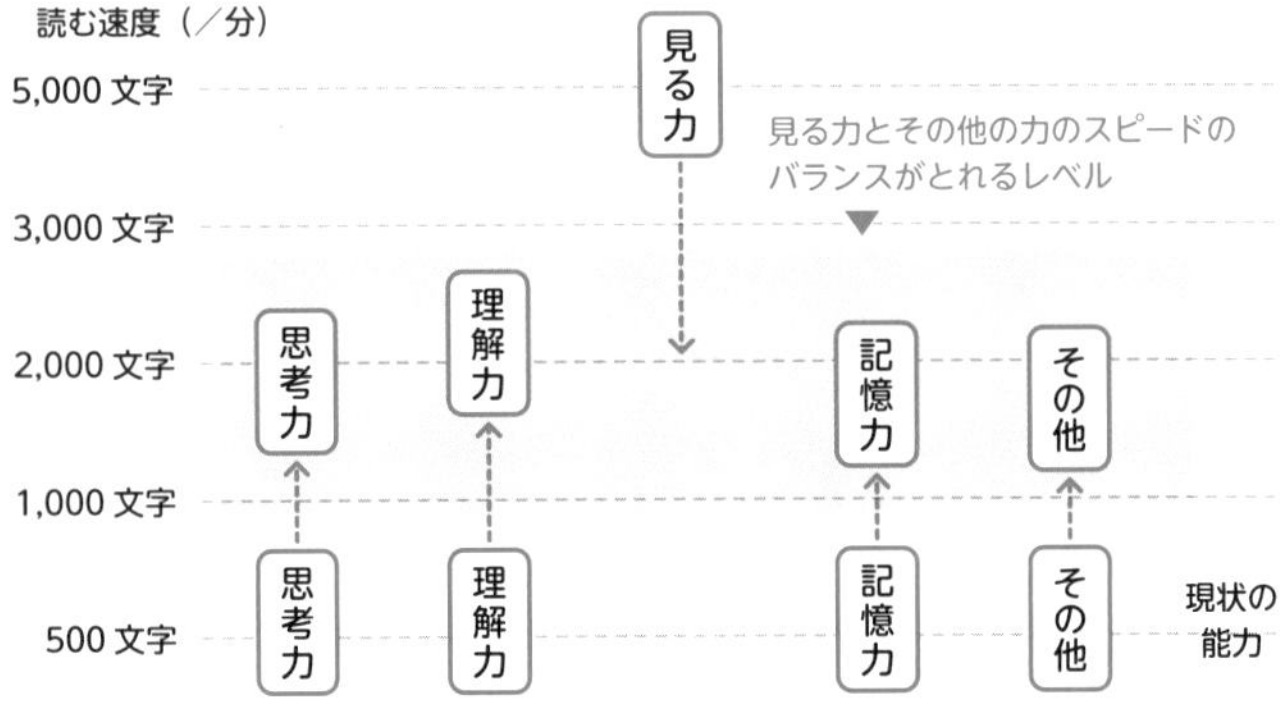

脳の可塑性・汎化と速読の関係

ここで「可塑性」と「汎化」という、ふたつの脳の特徴について説明します。

「可塑性」とは、脳が外的環境に適応しようとすることです。

車を運転するとき、高速道路を長時間走った後、一般道に戻ると、まわりの車がやけに遅く感じたことはありませんか？　これは、まさに脳の「可塑性」によって生じるものです。高速道路の高速状態（外的環境）に、脳が適応したのです。

これは読書にも当てはまります。より高速で文字を見続けていると、可塑性を引き出すことができます。

「可塑性」が引き出されると、次は「汎化」

という作用が現れます。これは、脳の一部の力を極端に引き上げると、それに伴ってほかの力も引き上げられる性質です。

パラパラと本をめくり、文字を高速で見続けていると、「見る力」がどんどん上がります（これは脳の可塑性によるものでしたね）。文字を高速で見続けると、「見る力」の高速処理に対応できるように、「理解力」や「思考力」といった力も上がってくるのです（これが、汎化的な作用です）。

汎化的に引き出される力に合わせて見るスピードを下げると、ふだんの読書よりも速いスピードで力の均衡がとれるポイントに重なります。その結果、ふだんの読書以上に速く読んで、ふつうに理解できるようになるのです。

速読トレーニングの「高速」と読書の「高速」の違い

次に、「可塑性」と「汎化」という脳の特徴をどのようにトレーニングに活かしていけばいいかを紹介しましょう。

第3～5章では、速く読むためのトレーニングを紹介しましたね。トレーニングに取り組むときに、すべてに共通した注意点がありました。

それは、

「より〝高速〟を意識して取り組むこと」

です。

脳を高速状態に慣れさせることは、速く読むのに必要な力を上げるトレーニング効果だけではなく、脳の可塑性・汎化が引き出される環境をつくることにもなります。

速く読むトレーニングをしながら、脳も活性化させる。これによって得られるメリットは計り知れません。

誤字脱字チェックを行うときも、メールチェックタイムトライアルを行うときも、「1秒でも速く」と意識してみましょう。**ポイントは「意識するかどうか」です。「文章理解ができるか」は気にしなくても大丈夫。**これはあくまでトレーニングです。

「理解できていなければ速く読んでも意味がない」

速読に挫折する多くの人は、そのような考えをもっているようです。でも、「まずは速く読み、その中でどれだけ理解できるか」を考えて、トレーニングを行うほうが、脳の特徴から考えると効率的なのです。

たとえば、本を高速でパラパラめくるトレーニングを、「高速でめくっても理解できないから、ゆっくりページをめくろう」――そう考えて、ゆっくりめくったのでは、脳の特徴（可塑性、汎化）を最大限に活かすことはできません。**ゆっくり読もうとするのは、「高速で見る」トレーニングをやった後です。**

トレーニングタイプの速読で挫折する人に多く見られる原因のひとつが「トレーニングと実際の読書を混同して考える」ことです。

「より速いスピードで理解を」と思う気持ちはトレーニング効果を高める意味で必要です。

しかし、文章を理解できないレベルの高速状態を保たなければ、見る力以外の力（理解力や思考力など）への影響は小さくなってしまいます。つまり、高速で見るトレーニングの効果は、これら矛盾した状態を保つことで現れるのです。

トレーニングのときに見ているレベルの高速状態で、文章を理解するわけではありません。トレーニングタイプの速読で挫折する人はここを誤解している場合がとても多いです。

トレーニング中は「高速で見る」ことを優先し、実際の読書では読書速度を〝下げる（調整する）〟意識をもつことが必要なのです。

可塑性が引き出され、「高速で見る」ことに脳が慣れるほど、読書速度を落としたときに、非常に遅く感じるようになります。高速状態に脳を慣らすのは、いい意味で体感を狂わせている状態です。ふつうの人から見て速読レベルのスピードで読んでいても、体感的には「トレーニング前と変わらないスピードのような……」となるのです。

そのため、トレーニング後、ふつうに読書をする場面（つまり読書スピードを下げる際）では、時間を測りながら読書速度を調整してください。

スピードを下げすぎて、トレーニング前と変わらないスピードにならないよう、数字で見える状態で読書速度をコントロールしていくといいでしょう。

「速く読めない」と「理解できない」は別の問題

「速く読もうとすると、内容を理解することができない……」

これはとても多くの方からよく受ける悩みです。

この悩みをもつ方に共通するのが、読みながら理解を深めようとすることです。

詳細は160ページで後述しますが、ここでは、理解できた状態を「最終的に記憶できたこと」と定義します。

仮に、速く読むと内容を覚えていられないのだとしたら、ゆっくり読んだときは、本当に内容を覚えていられるのでしょうか？

たとえば、ゆっくり一冊を読み進めていき、後半のページを読んでいるときに、「前半に書かれていた内容を覚えていますか？」と問われたら、「完璧に内容を覚えている」と答えられるでしょうか?

おそらくほとんどの人は「No」だと思います。

時間が経過すればするほど忘れるのは自然なことです。前に書いてあった内容ほど後になって忘れてしまうのは何も不思議ではありません。

つまり、読むスピードと内容理解は関係がないのです。

もっと言えば「読む」と「理解」は違う作業なのです。異なる作業を同時にやろうとして、どっちつかずになってしまうことがありますが、それは「読む」と「理解」でも同じです。

「読む」と「理解」をそれぞれ分けて考えると、速読は主に前者に対するメソッドになります。主体は「読む」スピードを上げる手法と考えたほうが取り組みやすくなるでしょう。

一方、「理解する」ことをどう捉えるかも速読を上達させるうえでとても大切なポイントです。次のページでもう少し詳しく考えていきましょう。

「文章を理解する」とはどういう状態なのか？

「理解」とはいったい何なのでしょうか？

まず、次の文章を見てください。

かわいい瞳の大きな女の子を見た

この文章を読んで、どのように理解したでしょうか？

「かわいらしい、瞳が大きい少女」をイメージする人が多いようです。

しかし、「かわいらしい瞳をした、身長の高い少女」という理解もできるでしょう。

さらに厳密に考えると、「大きな女性がかわいい瞳をした子どもを連れている」という理解も間違いとは言えません。

ここで知っておいてほしいのは、同じ文章を見ても、どのように理解するかは人それぞれであることです。

なぜこのような「理解」の違いが生まれるのか、考えてみましょう。

文章を理解するアクションは、

「単語の意味を認識する」→「単語間のつながりを考える」

というふたつのプロセスに分解できます。

言葉と言葉のつながりを考えるとき、人は過去の経験や周辺環境から想像できるイメージに置き換えようとします。つまり「理解する」とは「言語をイメージに変換する」ことです。

速読トレーニングは汎化的な作用による理解力向上だけではなく、「イメージ力をアップさせる＝理解力を鍛える」観点からも、間接的に理解力を上げてくれるのです。

では「理解ができた」とは最終的にどのような状態になることを言うのでしょうか？

その定義は大きく分けて3つあります。

①「理解できた＝記憶できた」
②「理解できた＝自分がもつ問題や課題解決のイメージができた」
③「理解できた＝要点がつかめた」

ひとつは「理解できた＝記憶できた」という定義です。資格試験の勉強をしているときなどがいい例です。

ふたつめは「理解できた＝自分がもつ問題や課題解決のイメージができた」という定義です。仕事上で発生した問題や課題を解決する気づきやひらめきを得るときがいい例です。

3つめは「理解できた＝要点がつかめた」という定義です。このように定義するならば、第8章で説明するテクニック型の速読が有効になります。

ひと言で「理解」といっても、ゴールはさまざまあります。

目指すべきゴールに合った対応をしないと、いつまでも「理解できない」と言い続けてしまうことになるので注意しましょう。

理解力を深めるための速読の活かし方

では続いて、次の文章を読んで、問題に答えてみてください。


【文章】

アミラーゼという酵素はグルコースがつながってできたデンプンを分解するが、同じグルコースからできていても、形が違うセルロースは分解できない。

【問題】

「セルロースは（　　　）と形が違う。」

（　　　）内に入る言葉はどれか？
①デンプン　②アミラーゼ　③グルコース　④酵素

これは『ＡＩ vs. 教科書が読めない子どもたち』（新井紀子著、東洋経済新報社）で紹介されている問題です。

この文章を理解するためにみなさんは一度だけ文章を読んで内容を理解しようとしたでしょうか？

おそらくくり返し何度か読み返したことと思います。

よく理解するためには「じっくり読む」必要があると言われますが、これは「ゆっくり読む」ことではありません。速く読んで考える時間をつくり、くり返し読み返しながらじっくり考えることによって理解は深まるのです。

理解を深めるためには、少なくとも3回はくり返し読み返す必要があると私は考えています。

大きな流れは以下の通りです。

1回目：何が書かれているか、まずは読む

2回目：読んで理解した内容が本当に正しいか、確認する
3回目：違う理解の仕方がないか、確認する

同じ文章を読み返すにしても、観点がさまざま変わることによって、より深く理解できるようになるのです。

3回読んだ後、内容を自分の文章や図解にまとめることができれば、さらに文章の意図を探ることができるでしょう。

このように、内容をはじめ、文章の論理構成やデータの信憑性、表現方法などを、自分の知識や経験と照らし合わせながら客観的に確認していく読み方は、「クリティカルリーディング」と呼ばれています。

直訳すると「（建設的に）批判的に読む」で、本に書かれている内容に対して批判的な目線をもつことで、「自分はどう考えるか」などを考えながら読む方法です。

しかし、このような読み方は、読むスピードを下げてしまうと、2回目、3回目と読み

返すときには時間が経過しすぎて、1回目に読んだときに覚えていた内容をより多く忘れてしまいます。

つながりを考えようとしても「あれ？　そういえば何て書いてあったっけ？」と、思い出す時間が多くかかってしまい、結果的に考える時間を確保できなくなるのです。

速読で読み返すスピードを上げ、じっくり考える時間をつくりましょう。

とてもシンプルな方法に思えるかもしれませんが、それが、理解を深めるうえで、効果的なのです。

コラム

「速聴」と脳の活性化

第6章では、「見る」行為に関連した汎化の特徴を紹介しましたが、これは「聴く」にも当てはめることができます。

私自身は取り組んだことがありませんが、「速聴」というものもあります。速聴とは音声を高速で聴くことです。文字情報を高速で捉えるという点では同じなのですが、視覚的に捉えるか、聴覚的に捉えるかという違いがあります。

速聴も、「可塑性」や「汎化」という脳の特徴にもとづいた、脳活性のひとつの手段です。

たとえば音声読書と呼ばれる、文章の朗読を聴くことで読書する方法があります。これらを倍速再生することで、速聴の環境をつくることができます。

ただ速聴で注意が必要なことは、スピードの上限です。いくら速く再生しようとしても、聞き取れる限界の速度は、3~4倍程度。仮にそれ以上のスピードで聞き取ることができたとしても、音を倍速再生する技術から考えると、速度を上げるほどすべての言葉を再生できなくなるので、文章全体を聴くことができません。

つまり速読と比べると、速聴は可塑性や汎化の作用を引き出すために必要なスピードレベルに限界があるのです。トレーニング効率の面では速聴よりも速読を優先したほうがいいでしょう。

とは言え、もちろん、効果がないわけではなく、補完的に倍速再生で音声を聴くことは有効です。日常生活に取り入れやすいのであれば、習慣化の面で速聴を優先するのもひとつの選択肢です。自身の置かれている環境に合わせて、最適なトレーニングを取り入れていきましょう。

第3部

応用編

さらなる
レベルアップを
目指そう！

第7章

速読力を記憶力アップに活かす

速読で実現できる記憶とは？

第6章で「理解できた」の定義のひとつに「記憶できた」があると触れました。本章では速読を記憶に応用する方法を説明します。

「速く読むと覚えられない」と悩む方もまた多くいらっしゃいます。

これも理解と同じで、「記憶とは何か？」が曖昧になっていることが原因で生まれる悩みだと私は考えています。

記憶はその思い出し方によって、次のように大きく2種類に分けることができます。

①再認（再認識記憶）

②再生（再生記憶）

みなさん、次の文章を見てください。

人生は、長いようで短いものです。限られた時間は最大限有効活用すべきです。たった1行単位で見て理解できるようになるだけでも、一般的なレベルの2～3倍の速さで読めるようになります。

この文章、「どこかで見たことがある」と思った方が多いのではないでしょうか？　これは本書の27ページに書かれている文章を抜粋したものです。

では次に、（　　　）内に言葉を埋めてみてください。

たとえば、（　　　　）の（　　　　）や（　　　　）を（　　　　）ときは、「（　　　　）」よりも「（　　　　）」に近い（　　　　）でしょう。（　　　　）眺めながら、（　　　　）や（　　　　）から（　　　　）を選ぶ――これは、まさに（　　　　）を（　　　　）している状態です。これを（　　　　）で、より高速で認識できることが速読なのです。

これもまた本書の25ページから抜粋した文章になりますが、おそらくほとんど埋められなかったのではないでしょうか？

このように一字一句を再現するところまでは覚えていないけれど、見たことがあると認識できる状態の記憶が再認識記憶、読んだ文章を一字一句完璧に再現できるレベルの記憶が再生記憶となります。

たとえば、小学校のころ、国語の教科書で読んだ小説を、大人になってからあらためて見たとき、「過去に読んだことがある！」と認識できる記憶は再認識記憶です。同じく小学校のころ、教科書の文章を穴埋めで解答するような定期テストの問題で求められる記憶は再生記憶です。

速読で実現できる記憶は前者の「再認識記憶」です。もちろん速読トレーニングで頭の回転が上がることで、再生記憶のレベルも上がらないことはありません。しかし、記憶の特徴を考えると、再生記憶のレベルを速読トレーニングで上げるのは非効率です。

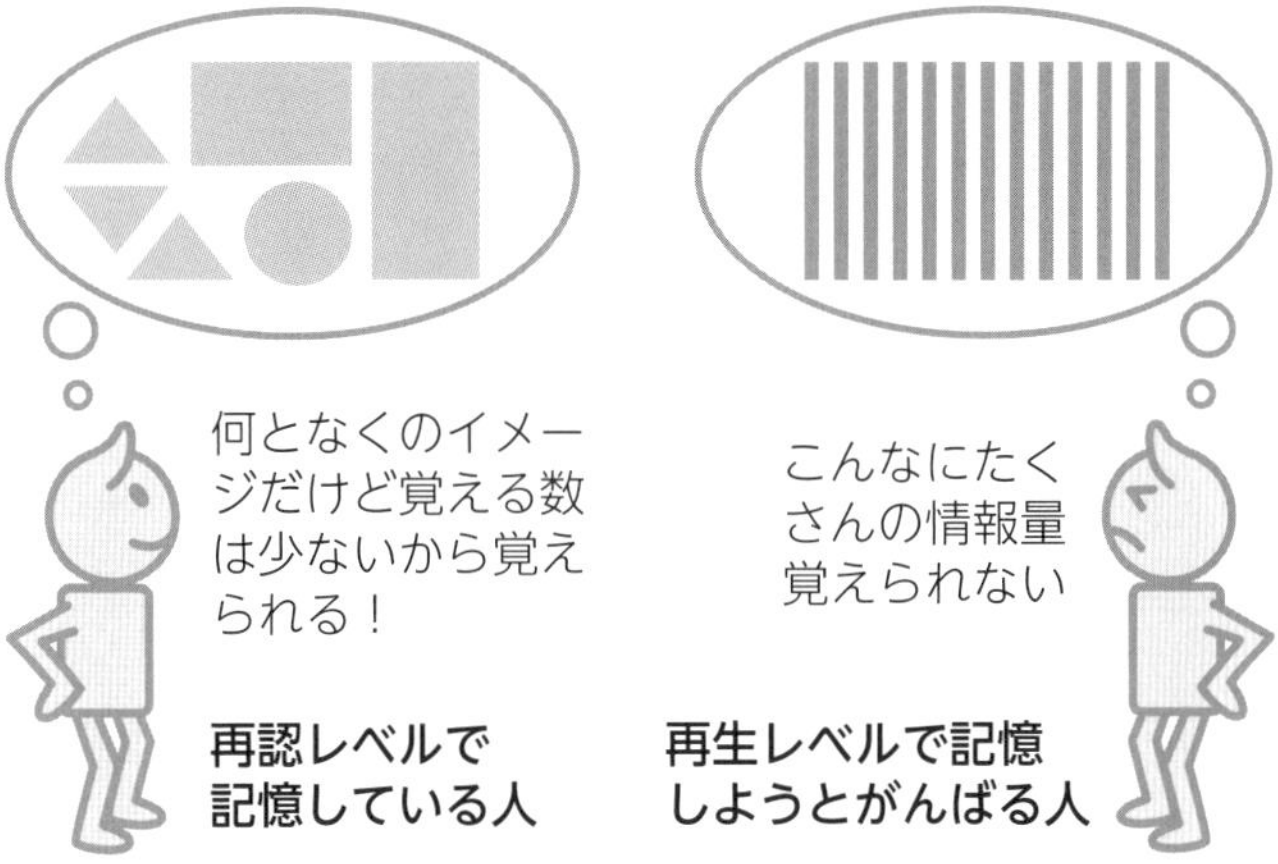
何となくのイメージだけど覚える数は少ないから覚えられる！
再認レベルで記憶している人
こんなにたくさんの情報量覚えられない
再生レベルで記憶しようとがんばる人

再認レベルでの記憶と再生レベルでの記憶

その特徴とは、「大人と子どもの記憶方法の違い」です。子どもは見た文字をそのまま丸暗記する「機械的暗記」で記憶しています。それが大人になるにつれて、情報と情報を関連づけて覚える「連合記憶」と呼ばれる記憶方法に変化していくのです。

その切り替わりは10代半ばころと言われているので、大人が記憶する際は、根本的に丸暗記が向かない脳のしくみに変わっているのです。

話がそれましたが、文章を理解しようとするとき、まず言葉をイメージに置き換えて覚えようとします。

このとき、文章の言葉を一字一句覚えよう

としているわけではなく、自分なりのイメージに置き換えて覚えているのです。先ほどの（　　）内を埋める問題で、「明確な言葉は思い出せないけれど、何となくこんな感じの言葉が入りそう……」と思われた方は、まさに抽象的なイメージを覚えている状態です。

そのイメージがより明確で詳細なものになるほど、より忘れにくい記憶になっていくのです。

確かに、文章を一字単位で完璧に覚えているわけではないので、「再生記憶でなければ覚えているとは言えない」と考える人もいるかもしれません。

しかし現実的に考えて、再生記憶のレベルを求められる場面はそう多くはないでしょう。たとえば資格試験の場面では、テキストに書かれている文章の一字一句をそのまま再現するような解答だけではなく、現場で起こる状況を想定しながら出題される問題を解くことも求められます。

「速く読むと覚えられない」という意見をうかがうことがありますが、その理由は多くの場合、「速読で記憶できる種類＝再生記憶」と考えているからです。

速読を含む読書で実現可能な記憶の種類は、再認識記憶です。

ここを混同しないようにしましょう。

もし再生記憶を求めるのであれば、記憶術の活用をオススメします。

記憶術は、覚える目的や意味をもたない情報を意図的に加工して、再生記憶を実現しやすい状態をつくりだすスキルです。

速読と記憶術を組み合わせれば、より速く再生記憶を実現できるようになります。

でも、まずは**速読によって再認識記憶ができるまでのスピードが上がるだけでも、多くの場面で十分に活かせるレベルの記憶になる**ことも忘れないでください。

記憶定着のコツ1

反復学習

速読で実現する記憶は再認識記憶であるという前提をふまえて、記憶定着を図るコツを3つ紹介します。

①反復学習（自分に必要な知識と認識させる）
②経験情報との結びつけ（エピソード記憶で覚える。自分の感覚に合ったアウトプット）
③イメージで覚える

記憶は先ほどの再認識記憶・再生記憶とは別に、記憶を保持する時間の観点で「短期記憶」と「長期記憶」のふたつに分けることができます。短期記憶は一時的に情報を覚えている記憶、長期記憶は時間がたっても覚えている記憶です。

基本的にインプットされた情報はまず短期記憶として保存されます。一度覚えた後、その情報が使われずにいると、脳は「自分には必要のない情報」と判断して、もっと必要な情報を覚えるスペースをつくるために、自動的に使わない情報を消してくれるのです。

では、脳に「自分にとって必要な情報だ」と判断させるには、どうすればいいでしょうか？　答えは「何度も覚えたい情報を使う」です。

もっと端的に言えば**「反復学習」**することです。くり返しインプットした情報を使っていると「この情報はよく使うから保存しておこう」と脳が判断するのです。

反復して情報を使うほど、脳から情報を引き出しやすい状態になります。パソコンでたとえるならば、ハードディスクからメモリ、メモリからＣＰＵメモリに情報を移動するイメージでしょうか？

文章を理解するときは、日頃よく見ている情報がベースとなっていたことからもわかるように、何度も見ている情報ほど無意識のうちに覚えているものなのです。

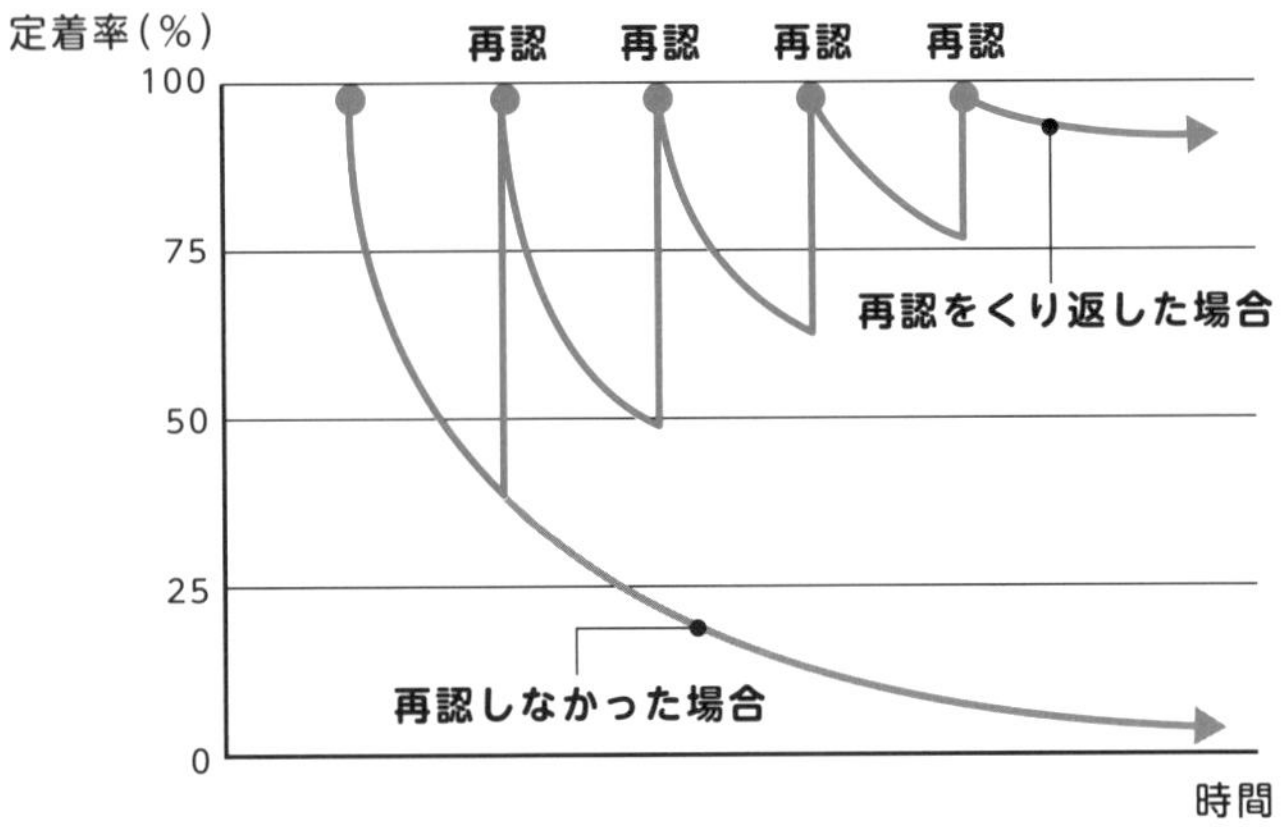

短い期間で反復ポイントを多くつくることが大事

そして反復学習するときの最大のポイントは「スピード」です。特に最初は短期間で反復サイクルを増やして、何回も覚えたい情報を見るようにしましょう。一冊を1回読むのに3時間かかる人であれば、一冊を1時間で3回速く読む（見る）などです。

くり返し読むときのコツはひとつ。「**忘れるのが当たり前**」という心構えで、**再認レベルの記憶定着を目指す**意識をもつことです。

記憶の達人でもない限り、1回目に読んだ内容はほとんど忘れます。しかし、何度も覚えたい内容を読んでいると、「見たことある！」となる回数が増えてきます。つまり再認識記憶レベルの情報量が増えてくるのです。

まずは「がんばって覚えるぞ！」と意気込むよりも、「文字が認識できればＯＫ」くらい気軽な気持ちのほうが、読むスピードを上げる意味でもやりやすくなるでしょう。**覚えたいものは何度もくり返し見るようにする**。とてもシンプルですが、とても効果的な方法なので取り入れてみてください。

記憶定着のコツ2

経験と関連づけるエピソード記憶

インプットした情報の使い方として、「反復学習」を紹介しましたが、方法はくり返し読むことだけではありません。

たとえば試験勉強のときに、教科書の内容を脳内でまとめて書き出すのも記憶定着には有効ですが、問題を解きながら知識を活用するという方法もオススメです。むしろそのほうが長期記憶化されます。「問題を解く」実践経験と関連づけて覚えることができるからです。

このような記憶は「エピソード記憶」と呼ばれ、長期記憶の部類に入ります。

ポイントは「知識と経験の関連づけ」です。

171ページで連合記憶の説明をしましたが、

大人ほど情報と情報を関連づけて記憶する特徴があります。

情報とは文字だけではなく、経験情報（経験したこと）も含まれます。経験情報は文字情報と比べて思い出しやすい特徴があります。そのため、何度も読み返しながら文字情報と経験情報を結びつけていくと、記憶は定着しやすくなるのです。

もちろん、どんな内容でも実践経験が積めるわけではありません。そんなときは、**読んだ内容を自分なりの理解に沿って書き出してみる**といいでしょう。「書き出す」というアウトプットの行動自体を経験として結びつけるのです。

書き出す際はフォーマットにこだわらないのがコツ。正確に本文を書き写す必要もありません。どんどん書き出してみましょう。

「書き出す」ことが苦手だと思われた方は、別のアウトプット方法でも構いません。たとえば※NLPの世界では自分が情報処理をする際、「視覚」、「聴覚」、「体感覚」の3つのうちどれかが優位であることが知られています。自分がどのタイプに当てはまるのかを知り、タイプに合ったアウトプット方法を実践していきましょう。

※NLP：神経言語プログラミング（Neuro Linguistic Programming）の略称。五感（視覚、聴覚、触覚、嗅覚、味覚）の神経で情報が言語化され、その言語が行動に変わるという考えにもとづいた心理学のひとつ。

身近でよく接する機会のある人と
「直近であった楽しかったこと」を語り合う

- 「短い髪をした人と会って、お店は混雑していて……」と、見た情景や容姿などに関する話が多く出る場合　➡　視覚タイプ

- 「〇〇さんと会って、〇のことや△のことを話した」と会話の内容に関する話が多く出る場合　➡　聴覚タイプ

- 「何となく穏やかな雰囲気の人で……」と相手の雰囲気に関する内容や感覚的な言葉が多く出る場合　➡　体感覚タイプ

自分のタイプがわかったら、タイプ別でアウトプット方法を変えてみる。
たとえば
視覚タイプ　➡　書き出して可視化する
聴覚タイプ　➡　会話できる環境をつくる（聴覚を通じた反復学習）
体感覚タイプ　➡　得た知識を実際に使ってみる

自分のタイプを判断する方法

記憶定着のコツ3

イメージで覚える

速読における記憶は再認識記憶で、文章そのままを覚えることではありません。だとした場合、どのように覚えればいいのか、もう少し詳細に説明していきましょう。

ポイントをひと言でいうと「文章を図解化」して覚えることです。仮に161ページにある文章を図解化すると次のようになります（182ページ）。

文章を覚えることは難しいですが、この図解をひとつ覚えるだけでOKとなれば、覚えるハードルは大きく下がります。

たとえばノートに書き出すアウトプット方法で覚えようとするとき、イメージ化しながら書き出すことで、さらに記憶に残りやすくアミラーゼという酵素はグルコースがつながってできたデンプンを分解するが、同じグルコースからできていても、形が違うセルロースは分解できない。

図解化

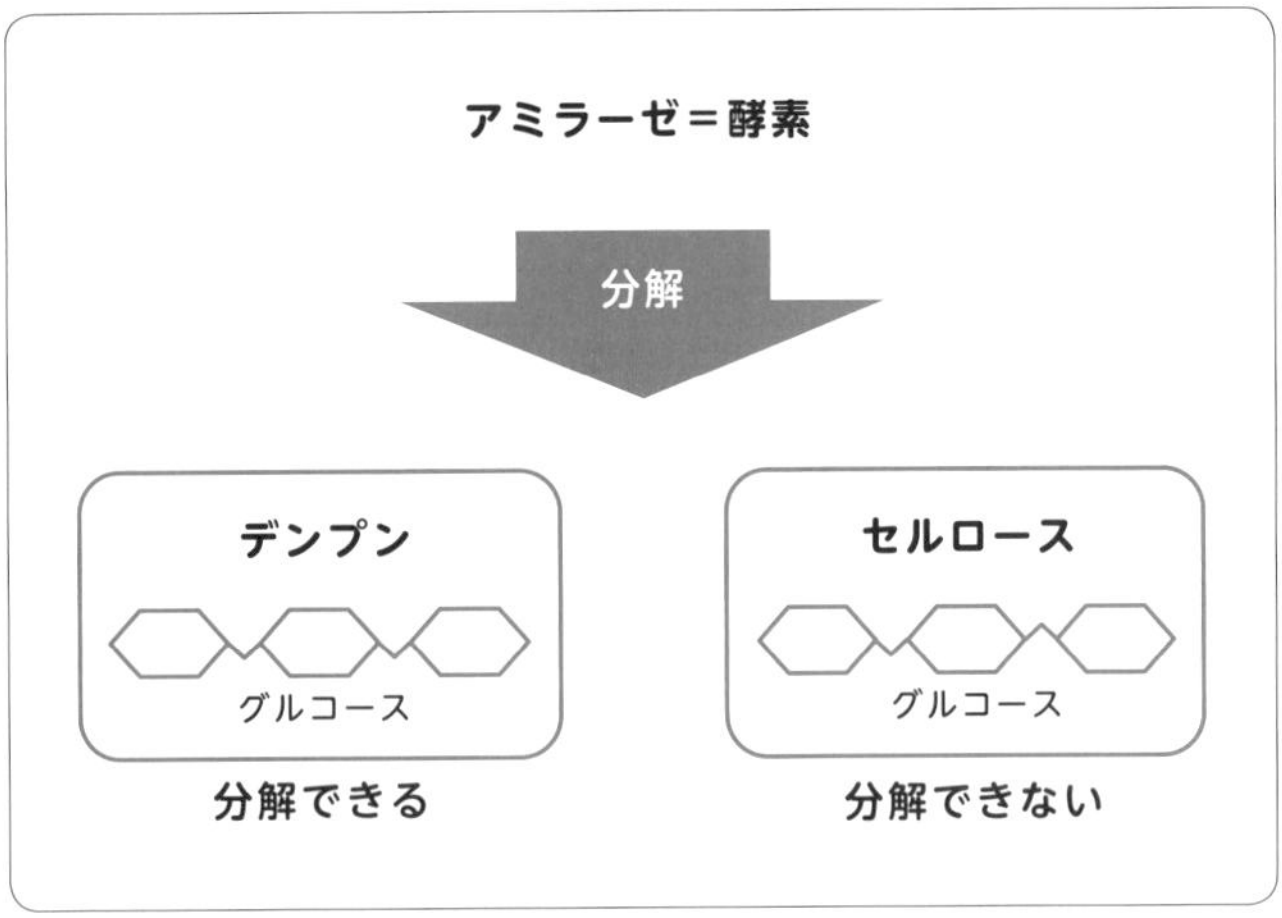

文章の図解化例

なるのです。

文章によっては図解的なイメージにすることが難しい場合もあるかもしれません。そのときは、本に書かれている文章と違う表現の文章をノートに書き出してみてください。ポイントは、自分なりに考えた情報に変換することです。

言語からイメージ、または自分の言葉に変換すると、イメージ脳を積極的に使うことになり、それが間接的に速読トレーニングとつながります。

これは見方を変えれば、速読トレーニングでイメージ脳が活性化すると、文章を図解イメージに置き換える力が上がるということです。覚えやすいイメージを描けるため、記憶しやすくなるのです。

速読トレーニングを続けていくと、こうしたメリットが得られることも忘れないでください。

コラム

速読と遅読の使い分け

「どんな本でも速く読んでいるのですか？」と聞かれることがありますが、そんなことはありません。たとえば小説はトレーニングではない限り、ゆっくり読んでいます。

ストーリーを知りたいだけならば速読でもいいのですが、小説は「情景をどのような言葉で表現するか」など、言葉そのものを楽しむもので、絵画を見て楽しむのと同じ感覚だと私は考えています。

美術館で絵画を見るときに、一歩も立ち止まらずに絵を見たとしたら、「どこに、どんな絵があったか？」は思い出せるかもしれません。

しかしそれでは、個々の絵の細部に秘められた意図を考えるなど、絵を見て楽しむことはできないのではないでしょうか。

速読習得とは、何でも速く読むことではなく、読む文章に応じて読書スピードを自由にコントロールできるようになることです。

間違っても「速読を習得したら、小説の読書が楽しめなくなりそう……」なんてことはありませんので、ご安心ください。

第3部 応用編

さらなるレベルアップを目指そう！

第8章 トレーニング不要でできる速読

文章を読んでも理解できない人のふたつの傾向とは？

速読も含めて、文章を読んでも理解できないと悩む人にはふたつの傾向が見られます。

ひとつは、文章のごく一部分だけを読み、考え込んでしまう傾向です。

一部の文章だけで理解しようとすると、内容を誤解してしまう可能性があります。

それに、部分だけを見ても全体を把握することはできません。

この傾向がある人は、まずは「読み切る」クセをつけていきます。もちろん、100%理解する必要はありません。

具体的には58ページの「2点読みトレーニング」の要領で一冊の文章に目を通します。

速読トレーニングも兼ねながら、気になる一部の文章で考え込んでしまうクセを矯正していくのです。

まずは一冊全体の概要を何となく把握し、全体像を念頭に置きながら気になる部分の文章を見ていくと、正しく理解できるようになります。

文章を読んでも理解できないという人に多いもうひとつの傾向は、**文章構成に対する知識が不足していること**です。

あなたが読んでいる文章は、別の誰かが書いたものです。

文章の書き手は、伝えたい内容がきちんと伝わるようにするため、論理展開を考慮して文章を書きます。

いわゆるライティングのお作法を知らない状態で文章を読むと、書き手が伝えたい内容がどこに書かれているか、今読んでいる文章がどういう位置づけで、どの程度重要なのかもわからなくなってしまいます。

文章の書き方のルールはさまざまで、書き手や分野の違いによって変わるため、文章の論理展開に対する知識が不足していると、正しく理解できない場合があるのです。

しかし裏を返すと、文章の書き方のルールを知っていれば、しっかりと読み込まなくても、話の流れがある程度は理解できるようになる、ということでもあります。これは、読み方のテクニックのひとつです。

本章では、こうした読み方のテクニックをいくつかご紹介していきます。

トレーニング型速読とテクニック型速読の特徴

速読のやり方は数多く出回っています。

いろんな方法があるものの、これらは、「トレーニング型速読」と「テクニック型速読」の2種類に大きく分けることができます。

トレーニング型速読は第3～5章で説明したトレーニングを続け、速読に必要な力を伸ばして速く読むことを目指すものです。

速く読む力を継続的な訓練で鍛えていくため、トレーニングに時間がかかりますが、どんな文章でも速く読める力が養われるので、汎用性が高いというメリットがあります。高速状態で文章を見ることに慣れてくると、頭の回転も上がるため、読書以外でもトレーニングの効果が発揮されることがあります。

	トレーニング型の速読	テクニック型の速読
特徴	・速く読む力をトレーニングで高める	・書き手の視点で要点を素早く捉える
メリット	・どんな文章でも速く読めるようになる（汎用性が高い） ・頭の回転が上がる	・トレーニング不要ですぐ実践できる （※使い方に慣れるための時間は必要）
デメリット	・時間がかかる ・継続的なトレーニングが必要	・使える場面が限定される ・全文に目を通せるわけではない

トレーニング型とテクニック型

これに対してテクニック型の速読とは、文字通り技を使って速く読むことを目指すものです。詳細は後述しますが、端的に言えば要点を素早く捉えることに特化した読み方になります。トレーニングのように地道に力を養う必要がないので、手法を知っていればすぐに実践できるメリットがあります。

ただし、トレーニングほどではありませんが、テクニックの使い方に慣れるための時間は必要になります。また、詳しくは後のページでも見ていきますが、上の表のようなデメリットにも注意してください。

本章の以下のページではテクニック型の速読をご紹介します。

テクニック型速読は大きく2種類に集約される

テクニック型の速読にもいろいろな方法がありますが、どの方法であっても必ず共通するポイントがひとつあります。

それはどの方法も最初に読む目的を明確にすることが求められるのです。

テクニック型の速読では、読む前の段階で「○○が知りたい」と目的を明確にして、該当する内容だけをピックアップする読み方をベースとしています。

つまり、内容を事前に絞り込み、物理的に読む文章量を減らすことによって速く読み終えるのです。

「問題や課題を解決するためのヒントを得る」など、すでに目的が明確になっている場面では、テクニック型の速読は非常に有効となります。

たとえば、知りたい内容のキーワードが明確になっている場合、電子書籍の検索機能を使って、関連ページだけを読むこともできます。読む本が電子化されていることが前提となりますが、電子書籍を活用すれば、とても手軽にテクニック型速読ができる可能性があることは知っておくと便利でしょう。


テクニック型の速読はさまざまな名前のものが世に出回っていますが、結果的には大きく2種類に集約されると私は考えています。

ひとつは「スキャニング」、もうひとつは「パラグラフリーディング」です。どちらも、読む目的につながる内容を素早く探し出すテクニックです。

これらふたつのテクニック型の速読を状況に応じて活用することで、これまでの章で説明してきた、速読トレーニングで鍛えた基礎体力がさらに活かせます。

次節より、これらふたつのテクニック型の速読について、トレーニングで鍛えてきたイメージ脳を活用しながら実践する方法について説明していきましょう。

テクニック型速読1

スキャニング

スキャニングとは文字通り「探す」という意味です。

「何について知りたいか？」を明確にして、その内容に関する場所を探し、該当する部分はふつうに読みます。知りたい内容に該当しない部分はいわゆる飛ばし読みの要領で先へと進めていきます。

知りたい内容が書かれている場所を探す際、特にビジネス書に関しては目次構成を見るだけでも、どこに何が書かれているか、ある程度把握することができるでしょう。本をつくる立場で考えると、目次構成はマイホーム建設で言うところの設計図に相当します。どのような構成で伝えるか、大まかな流れがまとめられている目次構成に目を通すことで、本文を読む前にある程度の内容を把握できることがあるのです。

ただし、海外のビジネス書の翻訳本など、目次構成がわかりづらい場合もあり、万能なテクニックではないので、注意してください。

「知りたい内容を探す」のが目的であれば、はじめから順番に文章を読んでいく必要もないことになります。極端に言えば、パラパラとページをめくって、知りたい内容に該当しそうなキーワードが見えたら、そのページ付近だけをふつうに読みます。これを何度かくり返すだけでも目的はある程度達成できます。このような方法で概要を把握する読み方を、人によってはスキミングと呼んでいるので、併せて知っておくといいでしょう。

トレーニングの観点で考えると、取り組むポイントは〝速く〟探す意識をもつことです。149ページで速読トレーニングは「高速で見る」と「幅広く見る」、ふたつを意識することが重要だとお伝えしました。

スキャニングでも〝高速で〟探す意識をもつことで、頭の回転を上げるトレーニングにつなげることができます。

スキャニングのやり方

START

1. 知りたい内容を明確にする
2. 目次に目を通して流れをイメージ
3. 知りたい内容だけに目を通す（ほかは飛ばし読み）

GOAL

スキャニングのメリット・デメリット

メリット

- 必要な情報を効率的に知ることができる
- トレーニング不要で今すぐできる

デメリット

- 知りたいと思ったこと以外の情報は入ってこない
- 「知りたいこと」を明確にしなければならない

スキャニングとは

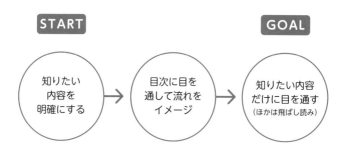

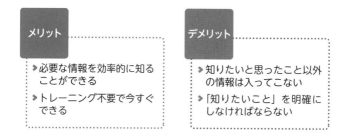

テクニック型
速読2

パラグラフリーディング

スキャニングをさらに効率化させるためのテクニックとして、次に「パラグラフリーディング」を紹介します。これは文章構造をふまえて、書き手が伝えたい内容を探し出すテクニックです。

そもそも文章は必ず書き手が存在します。書き手は何かを伝えたくて文章を書いていて、伝え方にはテクニックが存在します。そんな書き手の意図を逆手にとって、素早く知りたい内容を探し出す方法がパラグラフリーディングです。

たとえば「起承転結」という文章構造を意識した書き方があります。仮に結論が知りたいだけであれば、「結」の部分にあたる終盤の文章を先に読むのです。

また「PREP法」というライティング手法があります。これは「結論」「根拠」「具体例」、そして最後にもう一度「結論」を述べて締める書き方です。このような文章構造で書かれている文章の場合、仮に結論が知りたければ、前半部分の文章から読んでいきます。もし、言いたいことのイメージを先につかみたいのであれば、具体例から先に見て、要点を把握する方法をとることもできます。

このテクニックが役に立つのは論文や専門書など、文章構造がしっかりしている文章を読むときです。反対に、文章の書き方を意識せずに書かれている文章では使えないテクニックとなります。つまりこのテクニックが使えるかどうかは、書き手に依存するのです。

パラグラフリーディングを実践するとき、同じ著者が手がけている本を複数ピックアップして連続的に読むと取り組みやすくなります。同じ著者の本を読んで、書き方の特徴に慣れていくと、読む前に明確にした「自分が知りたいこと」が探しやすくなるのです。

文章の特徴をつかむ意味では、同じ分野で、同じ編集者が手がけている本を複数冊続け

文章構造から内容を理解する

起承転結の文章構造を意識した書き方

起 → 承 → 転 → 結

PREP法

Point 結論 → Reason 根拠 → Example 具体例 → Point 結論

パラグラフリーディングのメリット・デメリット

メリット

- 文章の構造を理解するだけで速く読むことができる（論文、評論などに有利）
- トレーニング不要で今すぐできる

デメリット

- 文章構造を意識して書かれていない文章には適用できない
- 読んでいない部分に書かれている重要な文章を見落とす可能性がある

パラグラフリーディングとは

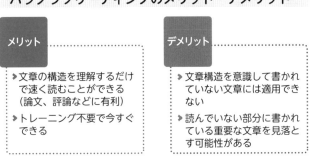

て読むのもいいでしょう。

また、文章構造をつかむテクニックとして、接続詞に着目する方法もあります。たとえば「したがって」という接続詞の後には結論が書かれている可能性が高いので、接続詞を基準に結論を探して要点を先に読む、といったやり方です。国語のテストで扱われるような評論文や、英語のビジネス書の翻訳版などを読むときは、このテクニックを使えることが多いです。

しかし、これもパラグラフリーディング同様、書き手が文章の流れを接続詞で明示していなければ使えないテクニックとなります。特に日本語の場合、接続詞が多用されていると、かえって読みづらい文章になることがあります。そのため、前後の関係から流れをつかめそうな部分では、あえて接続詞を外している場合もあるのです。こうした文章で接続詞に注目していると、内容を正しく理解するカギとなる文章を見落とす危険性があるので、注意が必要です。

このように文章構造から内容を読み取るパラグラフリーディングなどもふまえたうえで、自分が知りたい内容を探し出すスキャニングを実践していくと、必要な情報をさらに素早く見つけることができます。

鍛えた速読力の上にテクニックを載せる

ただし、テクニック型の速読には限界があります。

こうした方法では、すべての文章を読むわけではないので、自分が知りたいことしか頭の中に入ってこないというデメリットがあるのです。

読まなかった部分に自分にとっては必要なことが書かれていても、気づくのが難しくなる点は注意したうえで活用してください。

これまでの自分の人生を振り返ってみると、自分を成長させるための情報は「自分が知ろうとも思っていないところ」の文章がキッカケとなる場合が多いように思えます。

しかし、目的をあらかじめ明確にして読ん

- 自分が知りたいことだけを読み取ろうとするので視野が狭くなってしまう
- 自分にとって必要なことが書かれている部分をそもそも見逃してしまうことがある
- 自分の得意でない分野では、目的が不明瞭になり有効に使えない

テクニック型速読の限界

でしまうと、自分が知りたいと思う文章しか目に入らなくなるのです。

そのため、すべての文章に目を通して新しい切り口の考え方やひらめきなどを得たいときには、この読み方はあまり向かないと言えるでしょう。

また、勝手の知らない分野など、目的が明確になりにくい場面では使いづらい特徴があることも前提として知っておく必要があります。

こうした限界を理解したうえで、正しく活用していってください。

本書で、トレーニング型の速読を先に紹介

した意図もここにあります。トレーニング型の速読は継続的に訓練に取り組む必要がありますが、すべての文章に目を通しながら速く読むことができるようになります。一文を読むスピードが上がっている状態であれば、テクニックを合わせてさらに読書速度を高速化することも可能です。

スポーツにたとえるならば、「基礎体力づくり＝トレーニング型の速読」「技術的な部分＝テクニック型の速読」という位置づけです。テクニックをいくら磨いても、基礎体力がない状態では、限界が生じます。

トレーニング型の速読は効果が出るまでの時間もそれなりにかかるので、どうしてもテクニックに走りがちですが、両方をバランスよく使う意識をもち、柔軟に速読を活用していただきたいと思います。

コラム 目的を明確にしない読書の意味

SNSなどで読書好きな方々が発信している情報の中に、時々「目的が明確でない読書は無意味。目的をもって読書をしよう」という主旨のものを見かけることがあります。もちろん状況によっては正しい気もするのですが、同時に懐疑的に思うことがあります。

端的に理由をまとめると、「自分のレベルを超える文章が目に入らなくなる」からです。たとえば知人から「この本、おもしろいよ」と勧められた本が、自分がふだん読まない分野の本だったとします。あまり読まない分野の本ほど何を目的に読めばいいかわからないでしょう。おそらく「勧められたから、とりあえず読んでみるか」となると思います。そして実際に読んでみると、意外とさまざまな気づきを得られることがあります。みなさんもひょっとしたら、一度はこうした経験があるかもしれません。

これは、自分が「知りたい」と思いもしないところに目が向けられるために起こることだと考えています。別の人の観点で選んだ本だと、目的を明確にできなくても、自分が想像もできない領域の文章に触れることが可能になるのです。実際、私自身も正直なところ全く興味がない女性エッセイなどを読むことがあります。しかし「目的を明確に」読書することばかりを考えていると、こうした機会を失うことになります。

目的のない読書は正直、無駄な時間になる可能性のほうが高いです。しかし「意識的な無駄」は精神的ゆとりにつながると私は考えています。わずかでいいので、こうした余裕をもつことが、自己成長につながるのではないでしょうか。

第3部

応用編

さらなる
レベルアップを
目指そう！

第9章

速読トレーニングを続けるコツ

続ける
コツ1

完璧主義より完了主義で取り組む

トレーニングが継続できない人には、いくつかの特徴があります。

その中でも特に目立つのは「完璧主義」です。

速読をしたら内容を100%理解できるという思い込みをもっている人は、なかなかトレーニングが続けられません。

くり返しになりますが、ふつうに読んでも一度で書かれている内容を100%理解できる人はほぼ存在しません。

速読とは、「ふつうに読んでいるときと同じ理解度で速く読むこと」です。

だから、速読をしても100%理解できるようにはならないのです。

速読ができる人は、ふつうに読んでいる人が1回読む間に、2~3回とくり返し読むことができます。

同じ本を1回だけ読んだ人と、何回も読み返した人の理解度は同じではありません。たくさん読んだ分だけ理解度が高まる。速読のメリットはここにあるのです。

この当たり前の事実を、あらためて理解しましょう。

「1回読んだだけですべてを覚える」みたいな、魔法のような効果を期待してトレーニングをしていたとしても、いつまでたってもそんな力は身につきません。

こういった間違った思い込みは今すぐ捨ててください。

完璧主義になってもいいのは「トレーニングを続ける」ことに対してだけです。

トレーニングは完璧主義よりも完了主義で取り組みましょう。

続けるコツ2

現実的な目標を立てる

トレーニングを続ける壁になるものはほかにもあります。

そのひとつに「速読が魔法のようなもの」というイメージから抜け出せないことがあります。速読というと、「一冊1分で読める」「パラパラとめくりながら一冊読めて、内容も100%頭に入っている」などのイメージをもっている人が多いようです。

そのため、たとえ読書速度が2倍以上になっても「まだまだ」「これでは遅い」と思ってしまったり、100%理解できていないと「これではダメだ」と落ち込んでしまったりするのです。

特に、第5章の瞬間認識力トレーニングを

行うと、高速状態でページを見ることに慣れるので、スピードを落としたときに遅く感じてしまい、「本当に速くなっているのか？」と不安になるようです。これはまさに可塑性・汎化の特徴が引き出されていて、非常にいい状態（第6章参照）。でも、トレーニングと実践を混同してしまうと、自分の成長が感じられず、「こんなこと意味がない」と思ってやめてしまうことがあるようです。

ここで大切なのは、日常生活で本を読むときは、無駄に高すぎる目標を立てないことです。トレーニングにおける目標は、より高いところに設定します。そのほうが、突破力が生まれ、トレーニング効果をさらに高めてくれるからです。

でも、日常生活で速読を活かすときの目標は、現実的なものにしましょう。たとえば、「1週間で読んだ本の冊数がどのくらい増えたか」など、トレーニングを始める前と始めた後の変化を振り返ると、トレーニングの効果を感じやすいはずです。現在1週間に1冊の本を読む人であれば2冊、1週間に2冊読んでいる人であれば3～4冊を目指す、といった具合です。

ある受講生の方は、「読書速度3000文字／分を極める」という目標を立てていました。この方は、「1分間に1万文字、2万文字という読書速度は、あまりにも非現実的。1分間に3000文字が読めるだけで、始めたころの3倍だから、これで十分すごいことだと思う」と話していました。まさにその通りだと思います。

高すぎる目標よりも、続けられる現実的な目標を立てる。これは、速読上達にとって欠かせないことです。

第3週	第4週
冊	冊

START

□ 冊

（速読開始前の1週間あたりの読書量）

目標冊数

□ 冊

読書量の推移をグラフにまとめよう

週	第1週	第2週
冊数	冊	冊
グラフ		
読んだ本のタイトル		

読書記録シート

続ける
コツ3

速読が楽しくなる「しくみ」をつくる

勉強でも運動でもそうですが、嫌々やっても続きません。

「好きこそものの上手なれ」というのは、その通り。

好きになること、楽しむこと。それが上達の近道です。

とは言っても、いきなり速読を好きになるのは難しいことです。

そこでオススメしたいのは、「ご褒美をつくる」ことです。

私が速読指導をするとき、トレーニングとして文章を読み、文章に対する問題を解いてもらうことがあります。いわゆる国語のテストのようなものですが、速く読みながらどれくらい認識・理解できたかを確認するものです。

これを最速で、かつ高い正答率でできた人には何かしらのご褒美を出すようにしています（とは言っても、決して大げさなものではなく、昼食をご馳走するなどといったレベルです）。

ご褒美をもらうと、誰しも嬉しいものです。

嬉しいと「もっとトレーニングをしたら、またご褒美がもらえるかも？」と思い、今よりもっとトレーニングができないかと、意識が向くようになってきます。

これを日常生活の中にも取り入れてはいかがでしょうか？

たとえば、「トレーニングが終わったらおいしいものを食べに行く」などとご褒美を設定して、レストランの予約までしておくのもいいでしょう。

「3カ月続けられたら海外旅行に行く」などとご褒美を設定し、支払いを含む手続きをすべて終わらせておくのもいいかもしれません。

ただし、注意点があります。

それは、ご褒美がもらえる目標設定は、なるべく低めにすることです。かと言って、低

ご褒美を考える

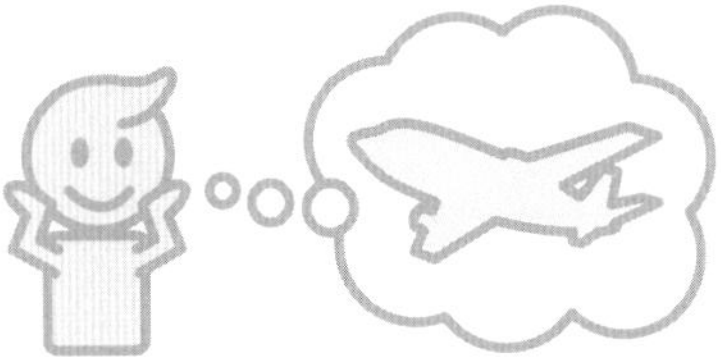

↓

トレーニングに取り組む

↓

継続・速読力アップにつながる

続けたくなる「しくみ」をつくろう

すぎるものもよくありません。ふつうにやったらできないくらいの少し高めの目標——たとえば、ふつうに本を読んでいるときに「もう1章（1セクション）」先まで読むようにする、といったレベルから始めるのもいいでしょう。

それからもうひとつ。

ご褒美と目標を設定する順番です。目標を設定してから、そのレベルに合わせてご褒美を設定するのではなく、ご褒美を設定してから目標を設定することをオススメします。

「どんなご褒美にしようかな?」そう考えることは楽しいですよね。楽しんでイメージ脳を活性化させてからトレーニングに取り組むと、いつもより大きな効果を得られるはずです。ぜひ試してみてください。

続ける
コツ4

日頃の習慣に組み込む

継続のための最後のコツです。それは、トレーニングにマジメに取り組みすぎないことです。

紹介したトレーニングすべてを完璧にやり切らなければならない――こう考えてしまうのも、トレーニングが続かない人の特徴です。

この本では、できるだけ時間をかけずに、日常生活の中で負担なくできるトレーニングを紹介してきましたが、本当に毎日すべてのトレーニングに取り組めるでしょうか？

最初にも言いましたが、すべてのトレーニングに取り組む必要はありません。たとえば、目線の移動速度を上げるだけでも、読む速度が2～3倍になる人が数多くいます。

たったひとつのトレーニングだけでも、継続することで力を伸ばし、日常生活に活かして人生が大きく変わった人たちを、数多く見てきました。

たとえ読書速度は3000～5000文字／分のスピードでも、1万文字／分を超えるスピードで本が読める人より、イキイキとした生活を過ごしている人は数多くいます。これは、ツールを追求する人と、ツールの使い方を極める人の差の現れです。

もちろん、読書速度が速くなることは、素晴らしいことです。遅いよりは速く読めるほうがいいのは間違いありません。

しかし、大切なのは、日常生活に活かせているかどうかです。

少し話がずれてしまったので、トレーニングを続けるコツに戻ります。トレーニングで得られる効果は、なかなか体感できないものです。だから、本当にムリなくできることだけを、ムリなくできるタイミングで取り組む――この習慣を身につけましょう。

そのひとつの方法が、ルーティン化です。

帰宅したら玄関で靴を脱ぐ、食後に歯を磨くなどのように、ふだんの生活の中でルーティンワークとしてやっていることは、驚くほどたくさんあります。そこに、本書で紹介したトレーニングを織り交ぜてみるのです。

ビジネスパーソンであれば、メールチェックは、1日1回は必ず行うでしょう。たとえば、「朝一番のメールチェックのときにメールチェックタイムトライアルをする」と決めて、毎日続けてみてはいかがでしょうか？

結局のところ、1日○回のように数字的なルールをつくっても、なかなか達成できないことが多いものです。ほんの少しの時間でもいいので、日々のルーティンワークの中に、トレーニングを組み込んでみてください。

小さな心がけが、習慣化につながり、ひいては速読力アップへと導いてくれるのです。

コラム

速読に向いている人の特徴

「速読に向いている人って、どんな人ですか?」と聞かれることが度々あります。これまで数多くの受講生や読者を見てきた経験から、速読習得が早い人の特徴を振り返ると、大きく分けてふたつあると私は考えています。ただし、これらはあくまでも傾向なので、参考程度に留めていただければと思います。

①動体視力が高い人（瞬間認識能力が高い）

球技や格闘技の経験者に多く見られますが、動体視力が高いということは、速いスピードで文字を認識する力が強いということです。つまり、瞬間認識力が元々高いため、通常よりも早く速読習得できるのだと考えています。

②女性（右脳との関係）

あくまでも私個人の経験則ですが、これまで見てきた受講生や読者で、速読習得が早い傾向にある方は女性であることが多いです。女性は右脳と左脳をつなぐ脳梁という部分が男性と比べて太い特徴があり、男性よりも脳の両側をバランスよく使い分けることができると言われています。

脳の両側をバランスよく使い分けられることで、女性は右脳が活性化しやすく、イメージ力が上がりやすいため、速読習得が早い傾向が見られると考えています。

第3部
応用編

さらなる
レベルアップを
目指そう！

第10章 よくある質問 Q&A

Q 01 速読ができるようにならない……。

A

このお悩みの原因は、大きく分けて3つあると私は考えています。

①できないところしか見ていない（速読なんてできないと決めつけている）
②言われた通りにやっていない
③抽象的な理解（推測イメージ）で読むことを否定している

①は、速読に対する幻想と自分を比較している場合です。「速読＝パラパラめくって、一発で内容を理解できる」と魔法のような効果を期待して取り組んだものの、全然効果が出ない……となっている状態ですね。「自分はできないことばかりだ」と思いながらトレーニングを続けることは不可能です。トレーニングができなければ、効果は現れません。これを解消するために、まず読書速度など、数字で残

せる記録をとり、その変化を見るようにしましょう。前よりも読書速度が上がっていれば、速く読めていることがわかります。達成感を積み重ねましょう。

②は、内容を理解しようとしてしまうことです。速読トレーニングで重要なポイントは「高速で見る」ことと「幅広く見る」ことですが、内容を理解しようとしながらトレーニングすると、どうしても「高速で見る」ためにスピードを上げきれません。まずは言われた通りにやってみることを心がけましょう。

③は、再生記憶のレベルで覚えている文章だけで理解しようとしている状態です。イメージ脳を使いながら文章を読むとき、推測も含めて読んでいくことになります。そういった推測で内容を理解するのはダメだと考えていると、イメージ脳を使うことを拒否してしまい、速読トレーニングの効果が出ないのです。理解が間違っていないかどうかは、何度か読み返しながら、文章全体の流れなどと照らし合わせて確認するほうが効果的です。結果的には読むスピードも速くなり、理解にかかる時間も短縮できるでしょう。

Q 02

昔、速読を習ったことがあるけれど、うまくいかなかった……。

A

特にトレーニング型の速読を習って挫折したと思っている人に多く見られる原因がふたつあります。

ひとつめは「体感」です。トレーニング型の速読は基本的に、元々自分ができることを読書に応用するものです。たとえば水泳で背泳ぎができた場合、元々できなかったことができるようになっているので〝できた感〟を強く感じられます。しかしトレーニング型の速読の場合、文字を「見て理解」するのはすでにできることで、それを読書に応用しているだけなので、〝できた感〟を感じにくいものなのです。

速読に限らず、トレーニングによって効果を出すものは、(ダイエットがいい例ですが) 元々効果を体感しづらい側面があります。そのためトレーニングで取り組んでいることは、できるだけ数字で記録をつけて、客観的に評価するようにしてください。読書速度や読書時間、1カ月に読んだ冊数、「ある本を一週間で何回読み返すことができたか？」などです。速読トレーニングは比較的、数字で記録を残しやすいものなので、記録で〝できた感〟を補うようにしましょう。数字で見ると、「自分が想像している以上に速読ができている」とわかることもよくあります。

ふたつめは速読を習う教室や指導者との相性です。指導歴や知名度、メソッドの内容などの影響以上に、指導者との相性によって、速読力の伸び幅は大きく変わるのです。

少なくともあなたがトレーニングをしているときに出てきた悩みに対して、経験と照らし合わせながら、共有意識をもってアドバイスできる方から指導を受けることは欠かせません。理想を言えば、速読に関心をもつキッカケとなった本来の目的に近い分野で、速読を活かして結果を出している指導者ほど、相性はよくなるでしょう。

Q はじめて学ぶ分野の本を速読するには？ 03

A

まず前提として、ふつうに読んでも読めない本を速く読むことはできません。ふつうに読める状態にまでもっていくために、語彙力を上げることを優先しましょう。

たとえば英語のリーディングでは、文章をストレスなく読むためには95％以上の単語を知っている必要があるとも言われます。日本語でも専門用語が多い分野ですと、似たような状況になると思います。

語彙を増やすポイントは3つあります。

ひとつは第7章で紹介した再認識記憶で覚える意識をもつことです。言葉を見ずとも完璧に暗唱できるレベルを目指すのではなく、言葉を見たら思い出せるレベルで構わないと、忘れる前提の心構えで取り組みましょう。

ふたつめに重要となるのが、「反復学習サイクルの高速化」です。とにかくスピード感をもって何度も言葉とその意味を見ていきましょう。英単語のように単語のまとまっている本がある分野ならば、それをくり返し見ていけばOKです。単語のまとまっている本がない分野であれば、教科書（それに準ずる本）を読みながら、わからない言葉を単語帳にまとめて、くり返し見ていきます。

ご参考までに、私は紙の単語帳ではなく、「Anki」というスマートフォンアプリを活用しています。このアプリのいいところは、反復学習サイクルが設定できるところです。一度見た後、たとえば10分後にもう一度問題表示させて、再認識させることができるのです。

アプリは日々アップデートをくり返し、進化していくので、その時代に合ったツールを活用していけるといいですね。

3つめは「言葉の意味をイメージで覚える」ことです。言葉で意味を覚えるよりも、イメージのほうが忘れにくくなります。

「言葉の意味をイメージにしたら……」と考えるとき、基本的には自分が過去に経験してきたこと（見てきたものなど）を基準に思い浮かべるので、エピソード記憶との関連づけで覚えることにつながるからです。さらに速読トレーニングでイメージ脳を日頃から使っていることも活きてくるでしょう。

ただ、これをすべての分野、すべての言葉で実践するのは難しいかもしれません。あくまでも、理想的なポイントだと知っておいていただければと思います。ムリのない範囲で活用してください。

これら3点を考慮しながら語彙を増やしていくと、より速く語彙力を上げることができます。語彙力を上げ、ふつうに読めるようになったら、これまでに培ってきた速読スキルを全面に活かしていきましょう。

おわりに

いかがでしたでしょうか? 難しいものもあったかもしれませんが、「自分にもできそう」と思えるものがいくつかあったのではないかと思います。実際に取り組んでいくと、確実に読書速度は上がっていくでしょう。

しかし、読書速度が上がることに対して快感を覚えすぎないように注意してくださいね。

どうしても人は得意領域ができると、そこが安心できる場所となってしまいます。つまり、元々は何かやりたいことがあって、必要に迫られる中で速読というキーワードにたどり着いたはずなのに、ふつうの人よりも速く読めるようになった途端に、速読を極めようとしたり、読書インプットばかりに走り始めてしまうのです。そうなってしまうと、結局「1分間に何十万文字読めます」といったところでしか勝負ができない人になってしまいます。そしてこのような方が増えて、もてはやされるほど、速読に対する敷居を高く感じやすくなってしまい、本当はそれほど難しいものではないはずの速読が、まるで魔法のように解釈されてしまうのです。

速読の習得はゴールではなく、自己実現達成の通過点に過ぎません。そして速読トレーニング自体も、それほど難しいものでもなければ、多くの時間を割くものでもありません。どうかまわりの環境に振り回されず、正しい速読理論をもとに、自分自身の日常生活の中に、自分だけのトレーニング環境を構築してください。速読の達人にならずとも〝なりたい自分〟になることはできます。

そして、「読書嫌いが解消できた！」とか「仕事を早く終えられるようになった！」、「家族で過ごせる時間が増えた！」など、単に速く読むことだけで終わらない結果が出てきましたら、ぜひメッセージなどをいただけたら大変嬉しく思います。

今回の刊行にあたって、編集者の柏原里美さんには今回も大変お世話になりました。また本書のベースになった『速読日本一が教える 1日10分速読トレーニング』を出版するキッカケとなった株式会社インプルーブの小山さんにもあらためて感謝を申し上げます。

また、私に速読を教えてくれた先生をはじめ、国内外の各地にいる速読講座の受講生のみなさま、修了生のみなさま、読者のみなさま、速読講座の運営関係者のみなさまなど、本当に多くの方々に支えていただいているおかげで、こうしてまた新たな出版の機会をいただくことができました。感謝を申し上げるとともに、今後もみなさまの自己実現力向上に貢献させていただければ幸いに思います。

そして約10年前、私が決定戦をやるときに、別の予定があったにもかかわらず、会場まで駆けつけて表彰を見届けてくださり、その後、速読受講生の第一号にもなってくださり、『速読日本一が教える 1日10分速読トレーニング』を初出版したときも多大なる応援をいただきました竹井佑介さんに、あらためてこの場を借りて感謝を申し上げます。

最後に、家族をはじめ、常日頃、私を支えてくれているみなさまにも最大限の感謝の気持ちをこの場でお伝えできればと思います。

みなさま、いつも本当にありがとうございます!

2020年3月吉日

角田 和将

教育実践総合センター紀要』, (22), 81-85, 2012.
・「英語速読能力の心理学的研究」竹田眞理子, 井上智義,『和歌山大学教育学部教育実践総合センター紀要』, (18), 51-57, 2008.
・「文章理解における接続詞の働き」伊藤俊一, 阿部純一,『心理学研究』, 59(4), 241-247, 1988.
・「Effects of Word Width and Word Length on Optimal Character Size for Reading of Horizontally Scrolling Japanese Words」
https://www.frontiersin.org/articles/10.3389/fpsyg.2016.00127/full

著, KADOKAWA
・『ジェームズ・クリアー式 複利で伸びる1つの習慣』ジェームズ・クリアー著, 牛原眞弓訳, パンローリング
・「Neural activation dependent on reading speed during covert reading of novels」Norio Fujimaki, Tomoe Hayakawa, Shinji Munetsuna and Toyofumi Sasaki, NeuroReport, 15(2), 239-243, 2004.
・「大学生における速読トレーニングの効果の検証　視野拡大トレーニングが効果的なのか？」森田愛子, 『広島大学心理学研究』, (10), 61-70, 2010.
・「視野と内声化のトレーニングが読み速度に与える影響」森田愛子, 小澤郁美, 『日本教育工学会論文誌』, 39(Suppl), 45-48, 2016.
・「速読と眼球運動」斎田真也, 『基礎心理学研究』, 23(1), 64-69, 2004.
・「中高齢者の読書速度の低下と眼球運動の関係」初坂 奈津子, 鈴屋雄輔, 河原哲夫, 佐々木洋, 『映像情報メディア学会技術報告』, 35(51), 75-79, 2011.
・「読解における語彙カバー率と理解度の関係」相澤一美, 『教材学研究』, 22, 23-30, 2011.
・「文章記憶に及ぼす黙読と音読の効果」森敏昭, 『教育心理学研究』, 28(1), 57-61, 1980.
・「長文の音読と黙読が記憶に及ぼす影響：難易度の異なる散文と詩を用いて」竹田 眞理子, 赤井 美晴, 『和歌山大学教育学部

参考文献（順不同）

・『記憶力を強くする 最新脳科学が語る記憶のしくみと鍛え方』池谷裕二著, 講談社
・『世界記憶力グランドマスターが教える 脳にまかせる勉強法』池田義博著, ダイヤモンド社
・『速読の科学』佐々木豊文著, 光文社
・『読書へのアニマシオン』M・M・サルト著, 柏書房
・『成功の9ステップ』ジェームス・スキナー著, 幻冬舎
・『16万人の脳画像を見てきた脳医学者が教える「脳を本気」にさせる究極の勉強法』瀧靖之著, 文響社
・『右脳速読　本は読むな！見ろ！』田島安希彦著, ゴマブックス
・『フロー体験　喜びの現象』M. チクセントミハイ著, 今村浩明訳, 世界思想社
・『習慣の力 The Power of Habit』チャールズ・デュヒッグ著, 渡会圭子訳, 講談社
・『頭の回転が3倍になる！速読トレーニング』角田和将著, 総合法令出版
・『1日が27時間になる！ 速読ドリル 徹底理解編』角田和将著, 総合法令出版
・『中澤の難関大攻略徹底英語長文読解講義』中澤一著, 桐原書店
・『脳が認める勉強法――「学習の科学」が明かす驚きの真実!』ベネディクト・キャリー著, 花塚恵訳, ダイヤモンド社
・『あなたもいままでの10倍速く本が読める』ポール R.シーリィ著, 神田昌典監修, 井上久美訳, フォレスト出版
・『大学入試 世界一わかりやすい 英文速読の特別講座』木下陽介

著者プロフィール

角田　和将〔つのだ　かずまさ〕

高校時代、国語の偏差値はどんなにがんばっても40台。本を読むことが嫌いだったが、借金を返済するため投資の勉強を始める。そこで500ページを超える課題図書を読まざるを得ない状況になり、速読を学び始める。開始から８カ月後に日本速脳速読協会主催の2010年第６回速読甲子園で銀賞(準優勝)、翌月に開催された特別優秀賞決定戦で速読甲子園優勝者を下して優秀賞(１位)を獲得。日本一となり、その後独立。２万人を超えるメルマガ購読者に対して、速読が持つ本当の力を最大限に活かし、時間の質と量を変えることの大切さを伝えている。

セミナー講演では国内外を飛び回り、医師やパイロット、エンジニアなどの専門職から大学教員など学術機関の研究職、経営者や会社員、主婦と、幅広い層の指導にあたり、95%以上の高い再現性を実現している。大企業から学習塾など、様々な分野での研修も実施しており、ビジネスへの活用､合格率アップなどにつながる速読の指導は好評を博している。指導した生徒の読書速度向上の平均は３倍以上で、「１日で16冊読めるようになった」「半月で30冊読めるようになった」「半年間で500冊読めるようになった」など、ワンランク上を目指す速読指導も行っている。

著書に、発売から６カ月で10万部超えとなった『１日が27時間になる！速読ドリル』(総合法令出版)や『速読日本一が教える すごい読書術――短時間で記憶に残る最強メソッド』(ダイヤモンド社)などがあり、速読を始めるキッカケとなった投資分野でも『○pipsを狙うなら、どのルールが良いのか」を徹底検証！ 出口から考えるＦＸ』(パンローリング)を出版し、2019-20年ブルベア大賞で大賞を受賞している。

著者ホームページ：https://limixceed.co.jp/blog/
速読講座関連サイト：https://active-read.info/

速読日本一が教える
速読の教科書

2020年3月30日　初版第1刷発行
2022年3月15日　　　第2刷発行

著　者 —— 角田 和将 ©2020 Kazumasa Tsunoda
発行者 —— 張 士洛
発行所 —— 日本能率協会マネジメントセンター
〒103-6009　東京都中央区日本橋2-7-1　東京日本橋タワー
TEL　03（6362）4339（編集）/03（6362）4558（販売）
FAX　03（3272）8128（編集）/03（3272）8127（販売）
https://www.jmam.co.jp/

装　　丁 ———— 吉村 朋子
編集協力 ———— Mika books
本文デザイン・DTP —— Mika books
印 刷 所 ———— シナノ書籍印刷株式会社
製 本 所 ———— ナショナル製本協同組合

ISBN 978-4-8207-2785-9 C0030
落丁・乱丁はおとりかえします。
PRINTED IN JAPAN

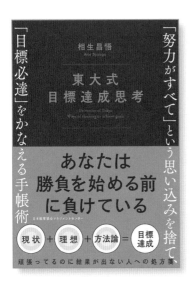

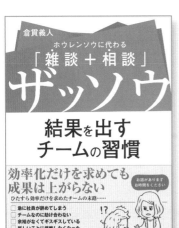